古泉雅集叢書

開元星月集

賴立川 主編

開元星記

開元月記

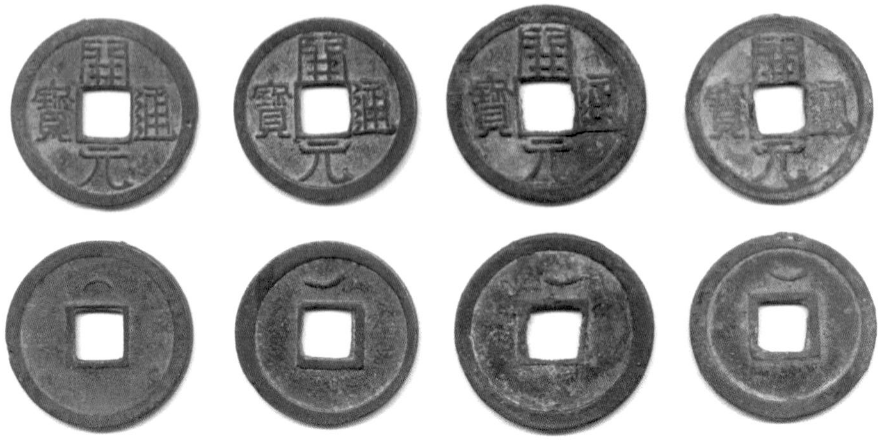

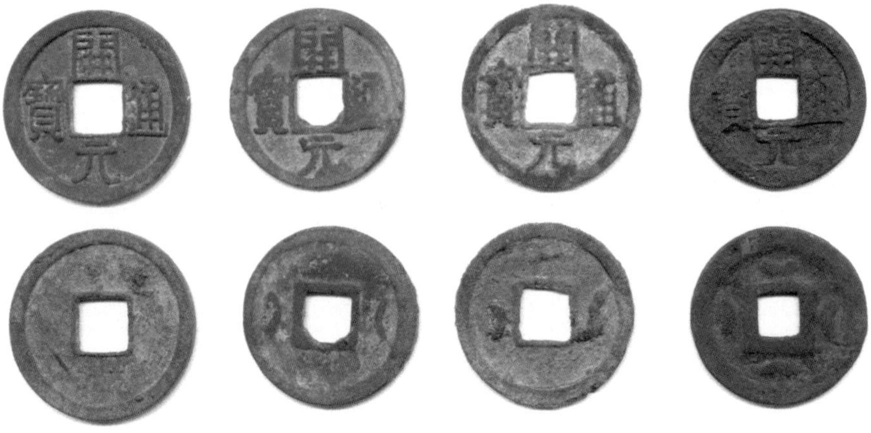

開元星月

大型開元

會昌開元

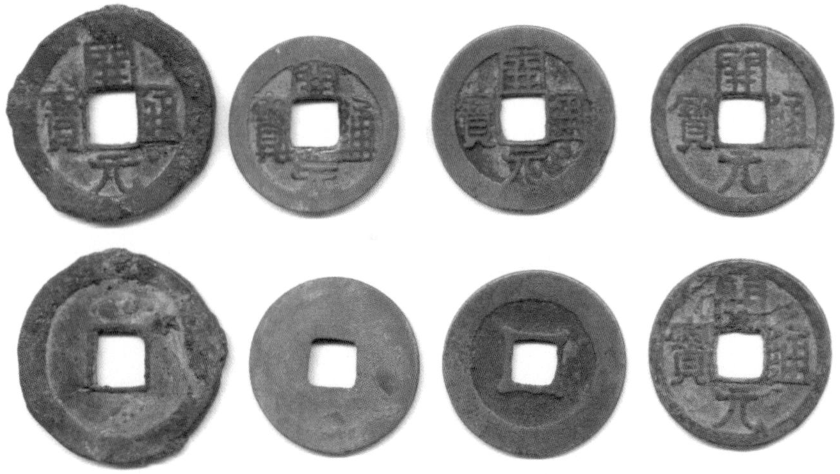

目錄

序言

在中國的歷史上，唐朝是一個值得驕傲的盛世。這三百多年間，其國力強勝，影響了鄰近亞洲各國的政治、經濟、文化。唐代錢幣主要是使用開元通寶。中期雖曾鑄造過乾封泉寶及乾元重寶高面額貨幣，但時間都不長，之後仍是以開元通寶為其主要貨幣。唐朝使用銅錢與棉帛計價，兩者並重，官吏薪俸與宮中賞賜，有很多是以棉帛計價的。故使用銅錢並不是很殷切，可以說價高者以棉帛計價，小額的交易才用銅錢。在唐朝三百多年的時間裡，其鑄造量也累積了相當多的數量，此錢在唐滅亡後，至五代十國時期，仍在有些地區繼續鑄造、使用。甚至到了民國初年市面上仍有開元錢在流通。其錢文開創以通寶為面文，且規定每枚重量為一錢，這兩項規範在中國一直沿用至清末民初，計一千三百年。所以開元錢在中國的錢幣史上是相當重要的。

開元通寶現留下來的傳世量非長多，這與當時百姓生活富裕，和民間有窖藏的習慣有關。其版別也特多，多到可以說有集開元錢的人，手上一定有譜上沒有的版式。其版式確實有多少種，恐怕也沒有人能說的清楚。本書收錄了古泉雅集會員所收集一千餘枚的開元通寶不同的版別，也只是開元錢版別的一小部份而已。故本書在取名時不敢說這是開元泉譜，只是將所收集到的開元錢整理、編輯成冊供泉友欣賞、研究。開元錢背有星月者數量不少，故本書取名為開元星月集。又因編輯倉促，疏漏之處難免；且編者泉識有限，望請指正。

賴立川

前言

賴立川

一、本書編排原則：

一、版式的編排依大樣、開、元、通、寶四字的字體變化順序排列。
二、同種類之泉品依直徑大小順序排列，錢徑大者在前，小者在後。
三、如錢徑相同，則重者在前，輕者在後。
四、錢徑測量以正面左右之距離為準。但如左右處有流銅或變形嚴重，會影響到錢徑測量準確度，則改以其他適當處測量。
五、重量測量以公克為單位，計到小數點第一位。（十分之一公克。）
六、本書拓圖以墨拓為主。但如泉品面文較淺，或錢徑較小，則使用複寫紙拓圖。

二、「開元星月」的等級分類及價格表：

等級	價格
珍	6000以上
稀	4000~6000
少	3000~4000
一	1500~3000
二	1000~1500
三	800~1000
四	600~800
五	450~600
六	300~450
七	150~300
八	100~150
九	50~100
十	50以下

※前頁表所列價格為新台幣。
※目前匯率：人民幣一元　兌換　新台幣四．二元。（參考）

三、本書版式名稱說明：

面文　錢幣正面的文字。
背文　錢幣背面的文字，符號，圖案的總稱。
特大樣　指錢徑比一般較大，本書將開通寶，直徑達二十七毫米以上者，歸為特大樣。
大樣　指錢徑比一般較大，本書將開通寶，直徑達二十六毫米以上者，歸為大樣。
小型　指錢徑比一般較小，本書將開通寶，直徑於二十三毫米以下者，歸為小型。
穿　指錢身之孔。方者叫方穿，圓的叫圓穿。
廣穿　指錢孔比一般錢較大。
狹穿　指錢孔比一般錢較小。
旋穿　指錢孔不正，轉了一個小角度。
花穿　指錢孔正好轉了四十五度。
圓穿　指錢孔為圓形穿孔。
內郭　指錢孔四周突出的部份。

肥郭 指內郭較寬者。
狹郭 指內郭較狹窄者。
重郭 指二重內郭。
決文 指錢孔的四角尖出者。
外輪 指錢身外圈之突出部份。又稱外緣，外郭，邊郭。
闊緣 外輪較寬。
細緣 外輪較狹小。
重輪 指二重外輪。
移范 指錢面或背的輪郭整個偏移，不在正常的位置。
肉 指錢幣的內外郭之間，無文字圖案的部份。厚者稱厚肉，反之則為薄肉。
日 指錢背凸起之圓圈。
月 指錢面、背凸起之圓弧。圓弧凹口向上稱仰月，向下稱俯月。
直月 指錢面、背凸起之直線。
甲文 指錢面、背凸起之細直線。
星 指錢面、背凸起之圓點。
空背 指錢背無文。又稱光背、素背。
合背 指錢幣二面均為正面。
合面 指錢幣二面均為背面。

直讀 錢文按上下右左次序排列。也稱順讀、對讀。
旋讀 錢文按上右下左次序排列。又稱環讀。
傳形 錢文呈反字狀，或左右邊顛倒。
離郭 指錢文遠離內郭。
接郭 指錢文均與內郭相連。
隔輪 指錢文遠離外輪。
連輪 指錢文與外輪相連。
仰字 指錢文其中的字右傾斜。
俯字 指錢文其中的字左傾斜。
進字 指錢文其中字的位置比一般靠左。
退字 指錢文其中字的位置比一般靠右。
瘦字 指錢文左右較窄。
肥字 指錢文左右較寬，或筆劃較粗。
細字 指錢文筆劃較細。
隱起 指錢文筆劃高低粗細不一。
重文 指錢身上出現重複錢文。
大字 指錢文字體比一般大。
小字 指錢文字體比一般小。

彪字　指錢文字體比一般大。開字左右兩豎劃與內郭同寬。
容弱　指錢文字體較軟弱。開字横劃較短，元字軟弱，寶字較圓。
遒勁　指錢文字體較有力。比如元字第二筆挑起處較垂直，通的辶字左邊三短劃較直角。
破門　門字上方的雙日有缺劃。
斷門　門字左右兩豎劃有斷筆。
閉門開　門字上方的雙日外圈無缺口。
斷井　開內的井字有斷筆。
狹元　元字寫的較窄，或元的雙足較靠近。
短元　元的雙足較短。
寬元　元字寫的較寬。
直元　元的雙足較直。
肥元　元字的筆劃較寬。
貫元　元的雙足貫頂與第一横連接。
左挑元　元字的第二劃左端翹起。
右挑元　元字的第二劃右端翹起。
雙挑元　元字的第二劃左右兩端翹起。
緩挑元　元字的第二劃左右兩端以圓弧狀翹起。
元先左挑再右挑　元字的第一劃左挑，第二劃右挑。

元先右挑再左挑　元字的第一劃右挑，第二劃左挑。
平頭通　通字頭的第一劃為水平者。
低頭通　通字頭較低小者。
仰頭通　通字頭的第一劃為左端翹起者。
閉口通　通字的頭，左端是閉封者。
工頭通　通字頭寫成方形者。
段舟通　通的辶字下方斷筆。
短舟通　通的辶字下方較短。
垂尾通　通的辶字下方尾端下垂。
貫通　通的用字中間豎劃通頂。
扁通　通字上下較矮。
大寶　寶字較一般大。
斜冠寶　寶字的冠蓋歪斜。
大貝寶　寶的貝字較大。
斷貝　寶的貝字有斷筆。
工貝　寶的貝字中間兩橫劃有連接。
長足貝　寶的貝足較長。
異足寶　寶的貝足與一般不同。

一、空背類

1 三
大字 大樣

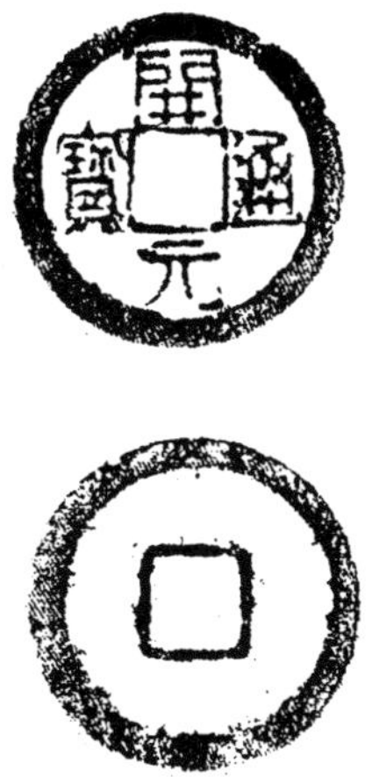

直徑:25.0mm
重量:4.7g

2 四
大字 白銅

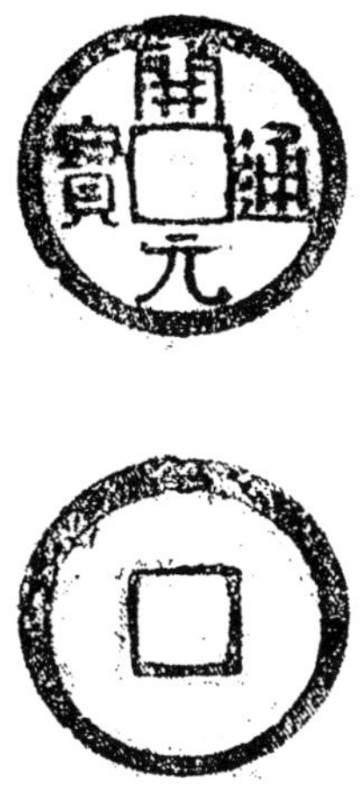

直徑:25.7mm
重量:4.0g

3 四
大字 白銅

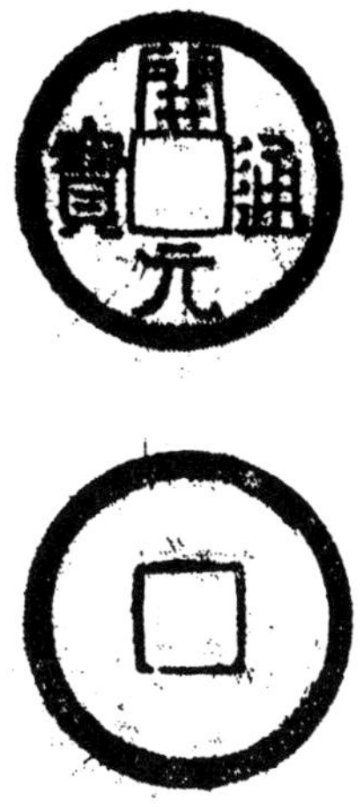

直徑:25.5mm
重量:4.7g

4 四
大字 扁通

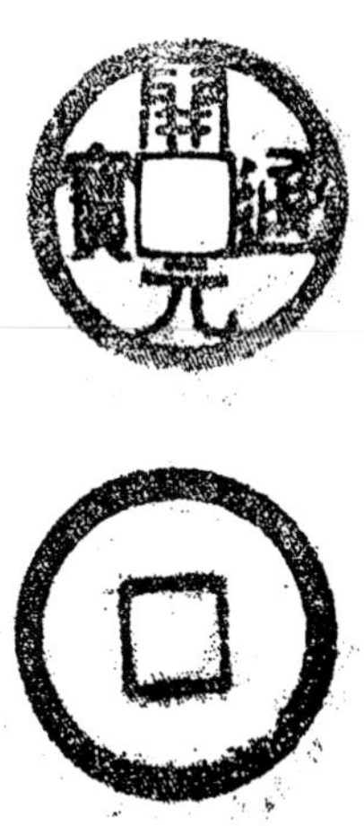

直徑:25.4mm
重量:4.0g

5 五
大字

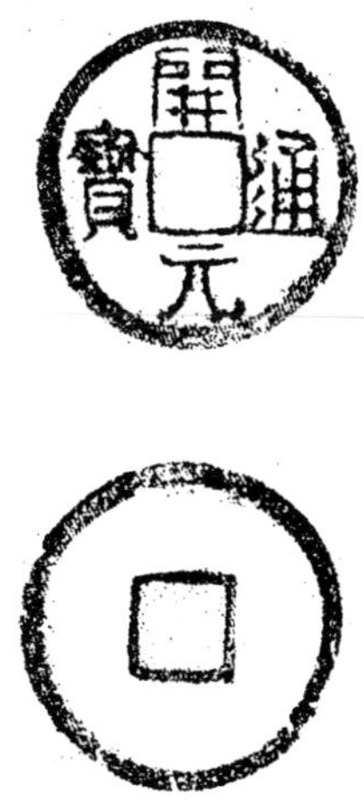

直徑:25.3mm
重量:4.1g

6 五
大字

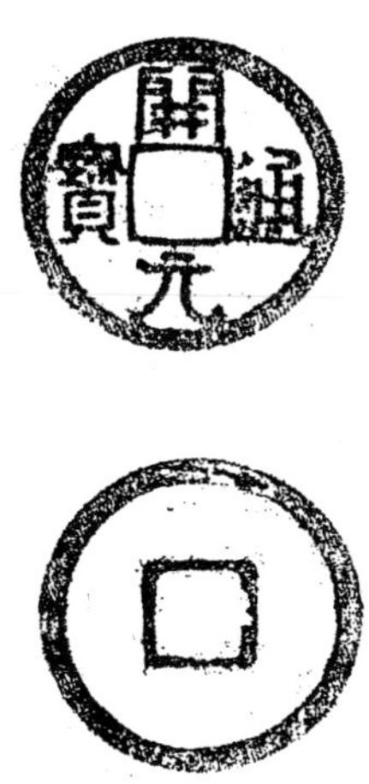

直徑:25.3mm
重量:4.0g

7 三
大字 狹元 厚重

直徑:25.2mm
重量:4.9g

開元星月集·空背

8 五 大字

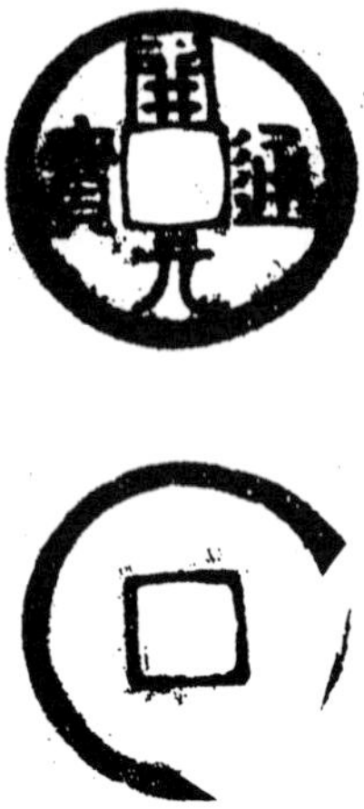

直徑:25.2mm
重量:4.5g

9 五 大字

直徑:25.1mm
重量:4.1g

10 五 大字

直徑:25.0mm
重量:3.9g

11 五 大字

直徑:24.9mm
重量:4.2g

12 三 大字 彪字

直徑:24.8mm
重量:4.1g

13 五 大字

直徑:24.7mm
重量:4.4g

14 五 大字

直徑:24.6mm
重量:3.9g

15 五 大字

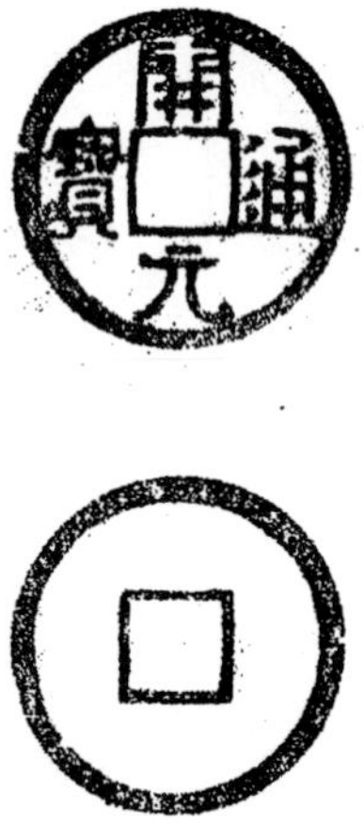

直徑:24.4mm
重量:4.2g

開元星月集・空背

16 大字 五

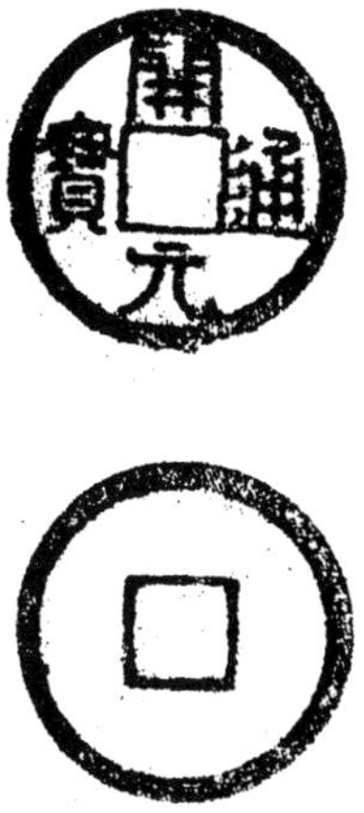

直徑:24.4mm
重量:4.0g

17 大字 白銅 五

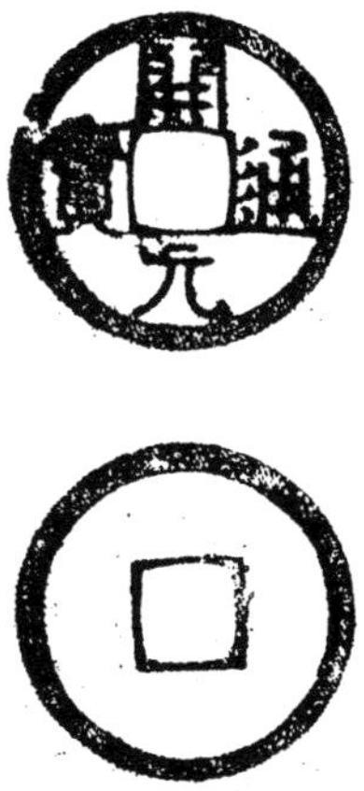

直徑:24.4mm
重量:4.0g

18 容弱 離郭 五

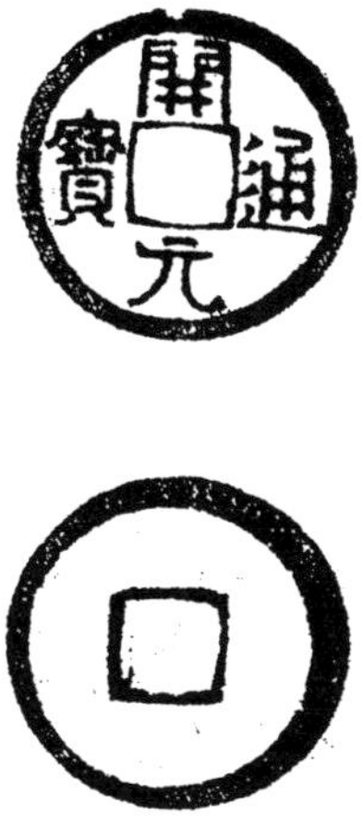

直徑:24.5mm
重量:3.9g

19 容弱 五

直徑:24.5mm
重量:4.6g

20 小字 特大樣 珍

直徑:27.0mm
重量:4.4g

21 小字 白銅 六

直徑:24.7mm
重量:4.7g

22 小字 花穿 六

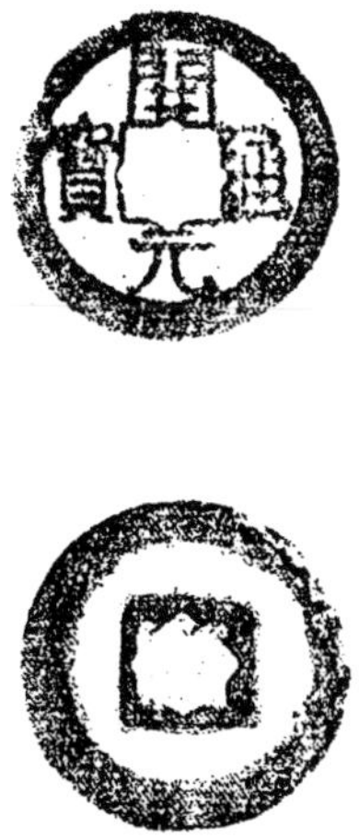

直徑:24.2mm
重量:4.4g

開元星月集・空背

23 六
寄郭

直徑:24.6mm
重量:4.2g

24 七
寄郭 斷舟

直徑:25.5mm
重量:4.7g

25 九
寄郭

直徑:25.5mm
重量:4.3g

26 九
寄郭

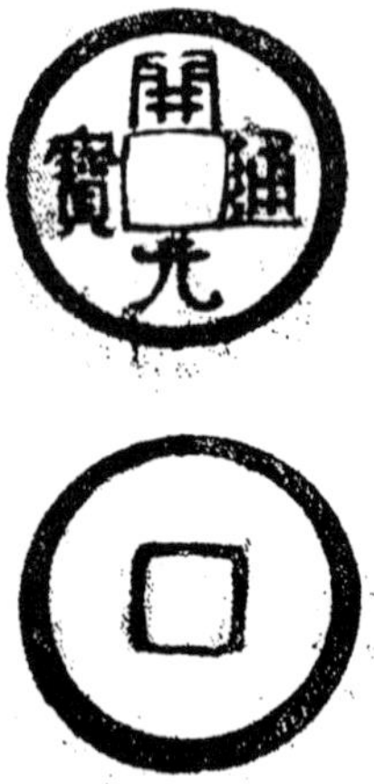

直徑:25.4mm
重量:4.3g

27 九
寄郭 肥字

直徑:25.4mm
重量:4.3g

28 九
寄郭 小字

直徑:25.3mm
重量:4.5g

29 九
寄郭

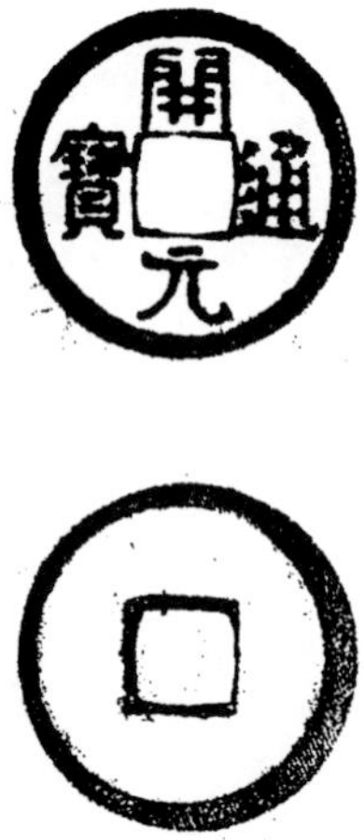

直徑:25.3mm
重量:4.4g

30 九
寄郭 小字

直徑:25.2mm
重量:4.4g

開元星月集·空背

31	九
寄郭	

直徑:25.2mm
重量:4.1g

32	九
寄郭	

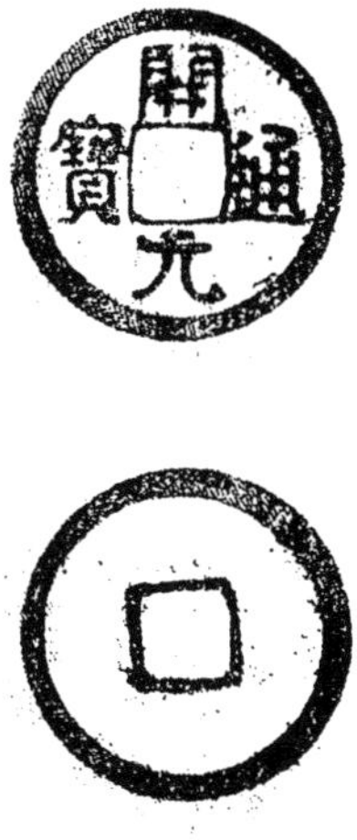

直徑:25.1mm
重量:4.4g

33	九
寄郭	

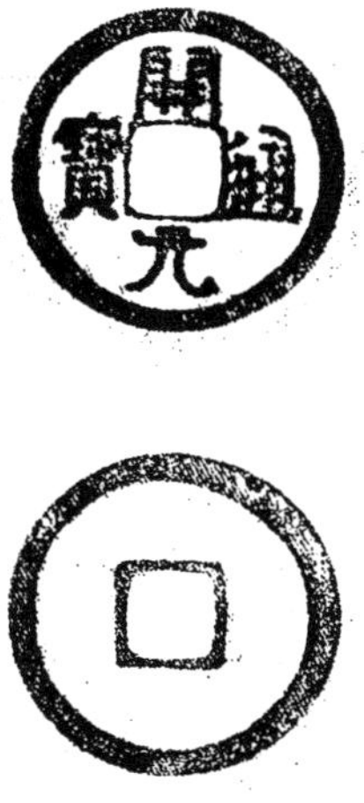

直徑:25.1mm
重量:4.3g

34	九
寄郭	

直徑:25.1mm
重量:4.0g

35	九
寄郭 左移范	

直徑:25.0mm
重量:4.3g

36	九
寄郭 白銅	

直徑:25.0mm
重量:4.0g

37	九
寄郭	

直徑:25.0mm
重量:3.7g

38	七
寄郭 細緣	

直徑:24.7mm
重量:4.2g

開元星月集・空背

編號	等級	品名	圖	直徑	重量
39	五	破門 背肥郭		24.5mm	3.5g
40	五	己開 背肥郭		24.7mm	3.8g
41	四	斷井 大字 白銅		24.2mm	3.9g
42	五	斷井		23.3mm	3.4g
43	五	閉門開		25.0mm	3.6g
44	五	異開 大字		24.8mm	3.9g
45	五	異開		24.3mm	4.7g

開元星月集・空背

46 七
短一元
大通

直徑:25.4mm
重量:4.3g

47 八
短一元

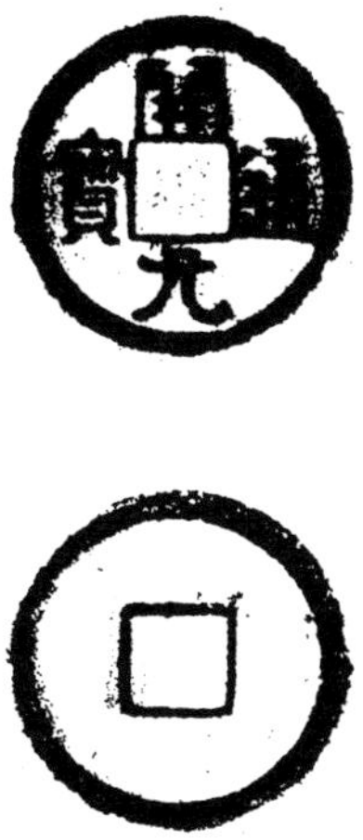

直徑:25.1mm
重量:4.0g

48 八
短一元
元先右挑
再左挑

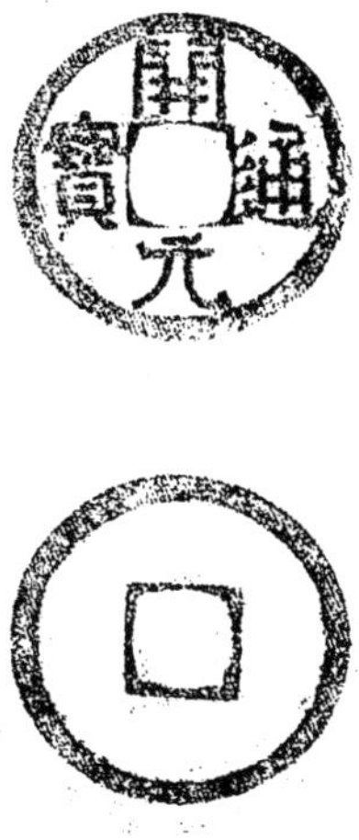

直徑:24.8mm
重量:4.0g

49 二
短一元
大寶

直徑:24.7mm
重量:4.1g

50 八
短一元
背肥郭

直徑:24.5mm
重量:3.6g

51 八
短一元

直徑:24.2mm
重量:4.2g

52 八
短一元

直徑:24.2mm
重量:3.7g

開元星月集·空背

53 七
右挑元
小字

直徑:25.5mm
重量:4.7g

54 七
右挑元

直徑:25.4mm
重量:4.6g

55 七
右挑元

直徑:25.4mm
重量:4.6g

56 七
右挑元

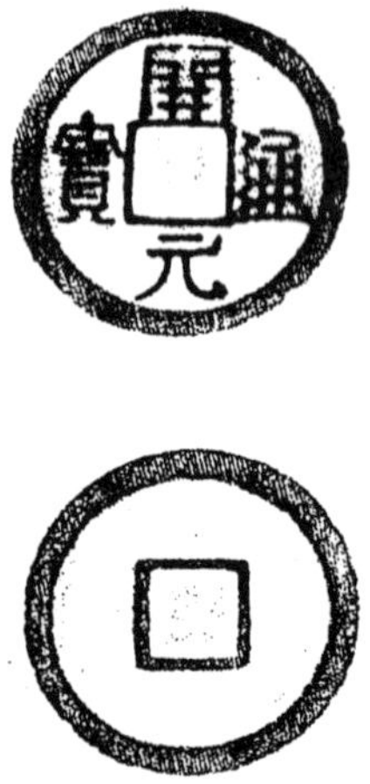

直徑:25.4mm
重量:4.4g

57 六
右挑元
白銅

直徑:25.4mm
重量:4.3g

58 七
右挑元

直徑:25.2mm
重量:4.5g

59 七
右挑元

直徑:25.2mm
重量:4.4g

60 七
右挑元

直徑:25.2mm
重量:3.6g

開元星月集・空背

61 七	62 七	63 七	64 七
右挑元	右挑元	右挑元 小字	右挑元 肥字
	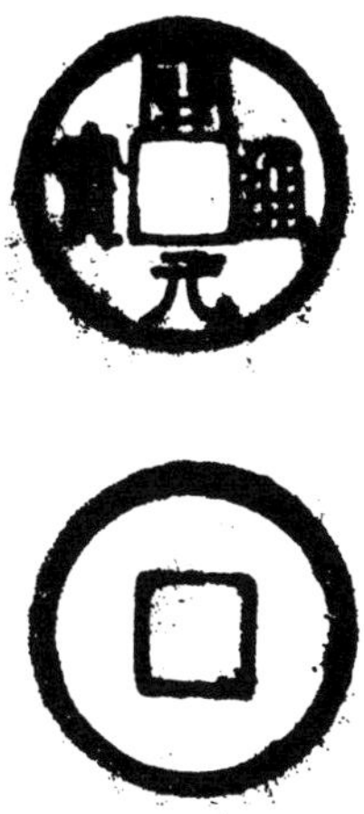		
直徑:25.1mm 重量:4.2g	直徑:25.0mm 重量:3.6g	直徑:24.6mm 重量:3.2g	直徑:23.6mm 重量:2.4g

65 八			
右挑元 小型			
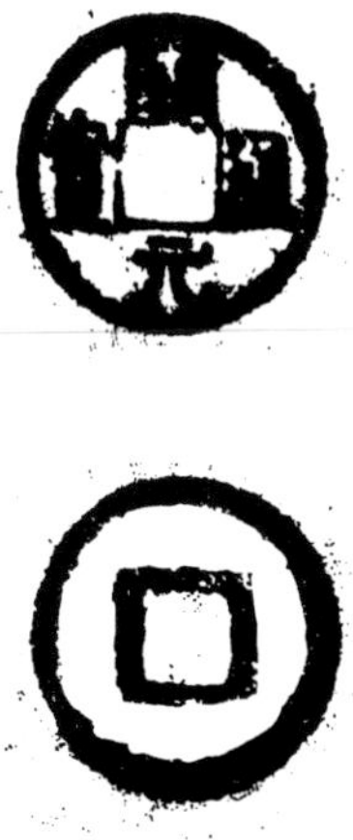			
直徑:22.4mm 重量:2.2g			

開元星月集・空背

66
雙挑元 短一元
四

直徑:24.9mm
重量:4.4g

67
雙挑元 貫元
四

直徑:24.5mm
重量:4.8g

68
雙挑元
五

直徑:24.5mm
重量:3.9g

69
雙挑元
四

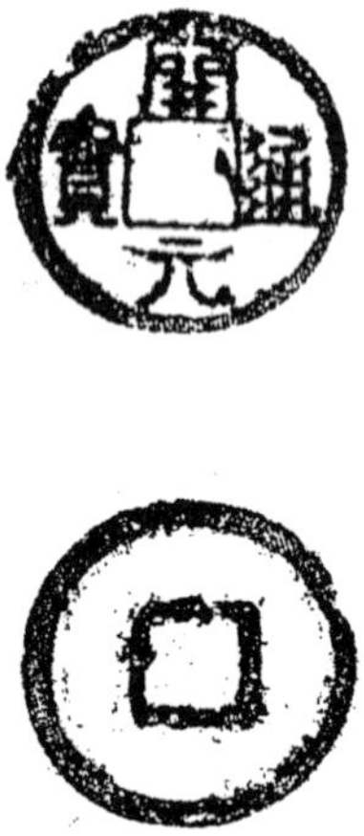

直徑:24.1mm
重量:3.1g

70
雙挑元 斷舟
四

直徑:23.4mm
重量:2.5g

開元星月集・空背

71 五 不挑元 花穿

直徑:25.2mm
重量:3.3g

72 五 不挑元

直徑:25.0mm
重量:4.1g

73 五 不挑元

直徑:24.8mm
重量:4.2g

74 五 不挑元

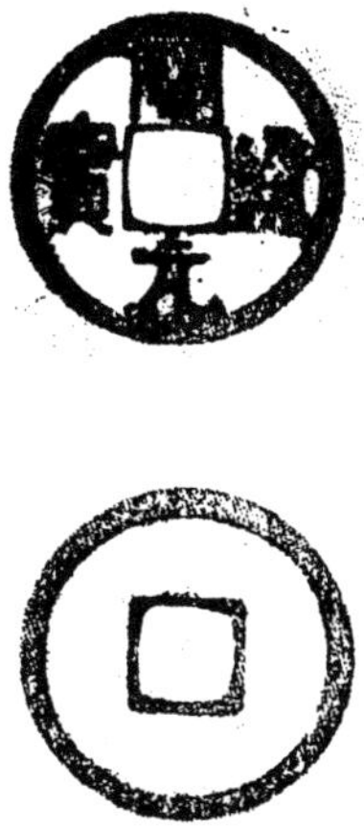

直徑:23.8mm
重量:3.5g

75 五 不挑元 異通

直徑:23.4mm
重量:2.9g

開元星月集·空背

76 九

元雙左挑
白銅

直徑:25.3mm
重量:4.4g

77 八

元雙左挑

直徑:23.5mm
重量:3.3g

78 七

反手元
元字第二
劃先左挑
再下挑

直徑:23.3mm
重量:2.7g

79 三

元先左挑
再右挑

直徑:23.9mm
重量:2.5g

80 八

元先右挑
再左挑

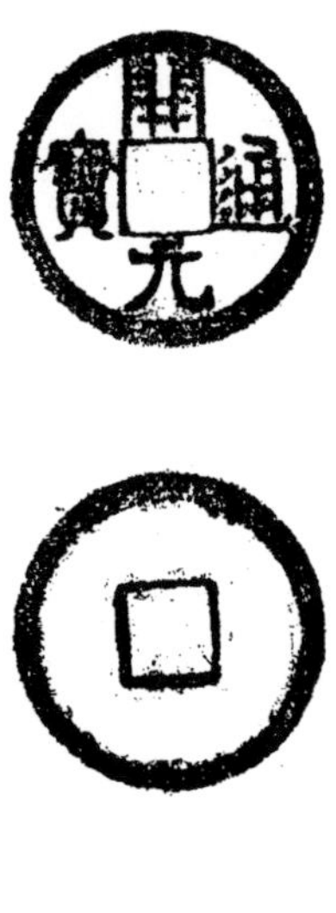

直徑:24.8mm
重量:3.3g

81 八

元先右挑
再左挑

直徑:24.7mm
重量:3.3g

82 八

元先右挑
再左挑

直徑:24.7mm
重量:2.8g

83 八

元先右挑
再左挑

直徑:24.2mm
重量:3.4g

開元星月集・空背

84	八	元先右挑再左挑		直徑:24.0mm	重量:3.0g
85	八	右貫元		直徑:25.5mm	重量:3.6g
86	八	右貫元		直徑:24.4mm	重量:3.6g
87	八	右貫元		直徑:24.2mm	重量:4.0g
88	三	仰元大樣		直徑:26.1mm	重量:4.2g
89	八	仰元寄郭		直徑:25.1mm	重量:3.8g
90	八	仰元		直徑:25.0mm	重量:4.8
91	八	仰元白銅		直徑:24.9mm	重量:4.4g

開元星月集・空背

編號	品	等級	直徑	重量
92	仰元	八	24.9mm	3.4g
93	仰元	八	24.6mm	4.1g
94	仰元	八	24.6mm	3.6g
95	仰元	八	24.6mm	3.5g

92

93

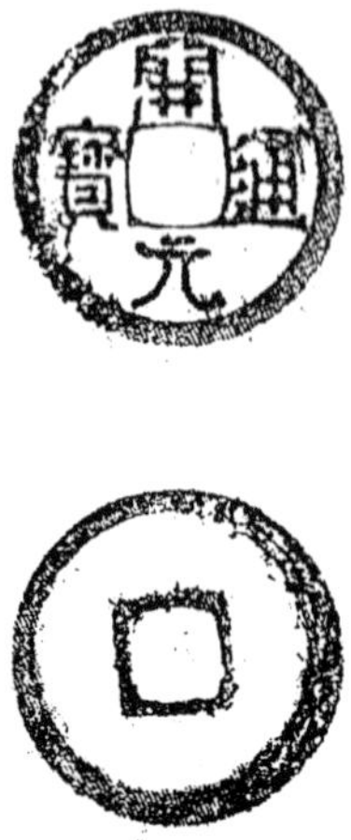
94

95

編號	品	等級	直徑	重量
96	仰元	八	24.4mm	4.6g
97	仰元大寶	五	24.8mm	4.1g
98	退元	七	24.7mm	4.6g
99	降元白銅	八	24.9mm	4.3g

96

97

98

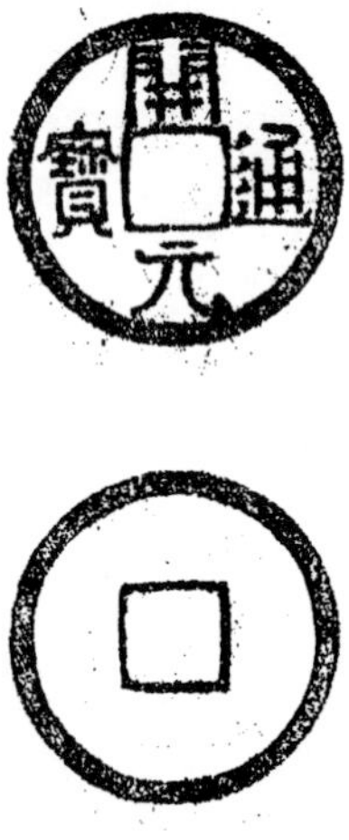
99

開元星月集・空背

100 寬元 闊緣 五

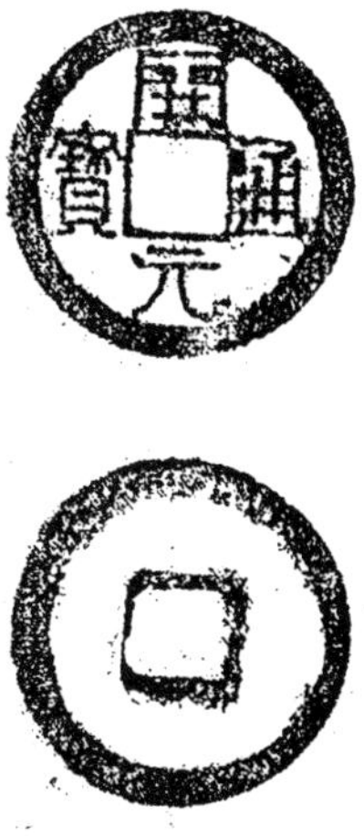

直徑:25.7mm
重量:4.1g

101 直元 七

直徑:24.5mm
重量:3.7g

102 狹元 七

直徑:25.2mm
重量:4.8g

103 狹元 八

直徑:25.1mm
重量:2.7g

104 肥元 九

直徑:24.4mm
重量:3.8g

105 斷元 闊緣 七

直徑:25.0mm
重量:3.0g

106 異元 六

直徑:26.0mm
重量:4.2g

107 異元 隱起文 六

直徑:23.8mm
重量:4.0g

開元星月集・空背

編號	品級	說明	拓圖	直徑	重量
108	三	平頭通 大樣		26.0mm	4.4g
109	十	平頭通		25.2mm	4.0g
110	十	平頭通 白銅		25.2mm	4.7g
111	十	平頭通 白銅		25.1mm	4.7g
112	九	平頭通 白銅		25.1mm	4.6g
113	九	平頭通 小字		25.1mm	4.2g
114	十	平頭通 白銅		25.0mm	4.4g
115	十	平頭通 白銅		25.0mm	4.0g

開元星月集・空背

116
平頭通
白銅
十

直徑:24.9mm
重量:4.8g

117
平頭通
十

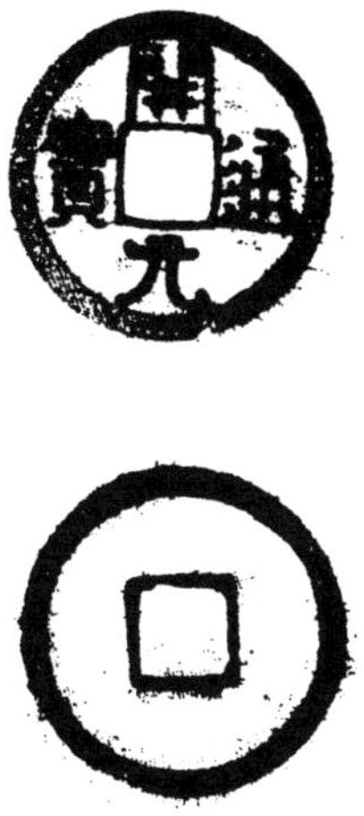

直徑:24.8mm
重量:4.4g

118
平頭通
厚重
白銅
七

直徑:24.7mm
重量:4.9g

119
平頭通
十

直徑:24.6mm
重量:4.1g

120
平頭通
背重郭
九

直徑:24.1mm
重量:3.8g

121
大通
白銅
五

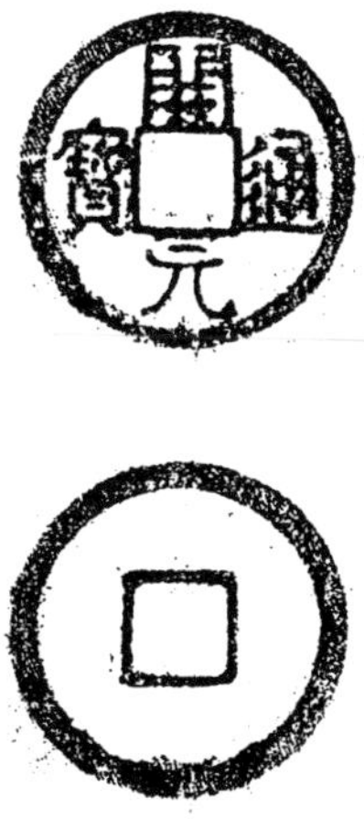

直徑:25.1mm
重量:4.6g

122
大通
五

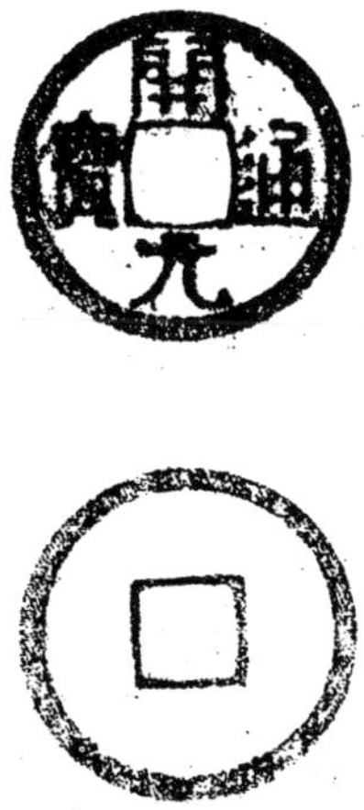

直徑:24.5mm
重量:4.1g

123
大通
五

直徑:24.1mm
重量:3.5g

開元星月集・空背

124 三
低頭通 大樣

直徑:26.3mm
重量:4.6g

125 三
低頭通 大樣

直徑:26.0mm
重量:4.7g

126 三
低頭通 大樣

直徑:26.0mm
重量:3.7g

127 十
低頭通

直徑:25.7mm
重量:3.9g

128 十
低頭通 白銅

直徑:25.3mm
重量:4.6g

129 十
低頭通

直徑:24.5mm
重量:3.8g

130 五
低頭通 圓穿

直徑:24.4mm
重量:2.9g

131 五
低頭通 圓穿

直徑:24.2mm
重量:2.9g

開元星月集・空背

132 仰頭通 白銅 十

直徑:25.3mm
重量:4.3g

133 仰頭通 花穿 九

直徑:24.6mm
重量:3.7g

134 仰頭通 白銅 十

直徑:24.3mm
重量:4.2g

135 仰頭通 十

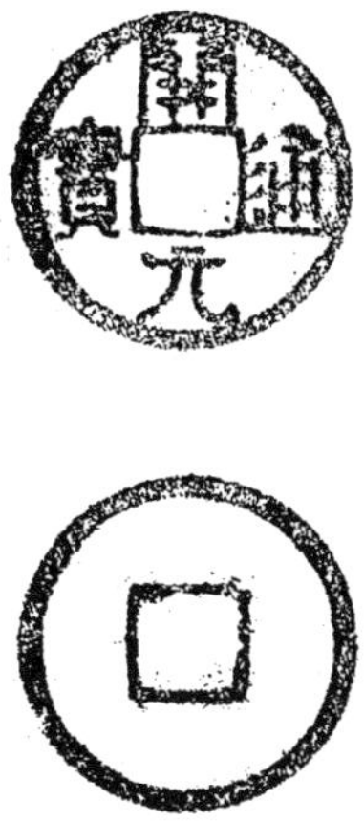

直徑:23.9mm
重量:3.1g

136 閉口通 五

直徑:24.8mm
重量:2.8g

137 垂尾通 五

直徑:24.3mm
重量:3.7g

138 扁通 五

直徑:24.8mm
重量:4.6g

139 異通 三

直徑:24.4mm
重量:3.7g

開元星月集・空背

140	141	142
八	八	五
短舟	異舟	異通 大貝寶

直徑:24.9mm 重量:4.3g	直徑:24.9mm 重量:4.0g	直徑:25.1mm 重量:4.4g

開元星月集・空背

143	九	左斜冠寶

直徑:25.3mm
重量:4.0g

144	九	匚貝

直徑:24.8mm
重量:3.2g

145	九	コ貝

直徑:24.5mm
重量:3.4g

146	九	巨貝

直徑:23.6mm
重量:3.7g

147	九	田貝

直徑:24.7mm
重量:3.3g

148	九	丅貝

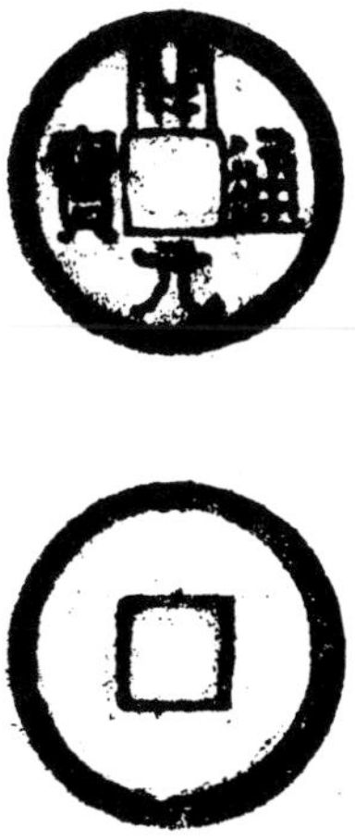

直徑:24.9mm
重量:4.3g

149	九	工貝 旋穿

直徑:24.7mm
重量:4.0g

150	九	工貝

直徑:24.6mm
重量:3.6g

開元星月集・空背

151 一貝 九

直徑:23.8mm
重量:3.6g

152 二貝 闊緣 背肥郭 九

直徑:24.4mm
重量:3.7g

153 目貝 九

直徑:23.9mm
重量:3.0g

154 大貝 九

直徑:25.0mm
重量:4.0g

155 長足背 九

直徑:24.6mm
重量:3.7g

156 異足寶 白銅 四

直徑:25.1mm
重量:3.9g

157 異足寶 三

直徑:24.5mm
重量:3.9g

開元星月集・空背

編號	158	159	160	161
名稱	元重文	元重文	重文	元缺劃
級	三	五	三	九
拓圖				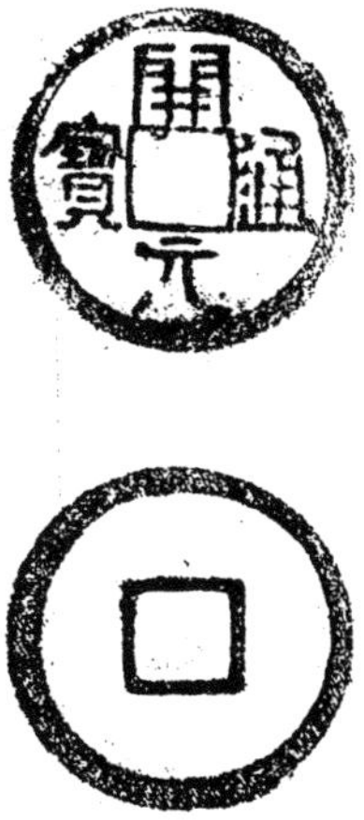
直徑	直徑:25.0mm	直徑:24.3mm	直徑:24.5mm	直徑:24.9mm
重量	重量:4.7g	重量:3.1g	重量:4.2g	重量:3.9g

編號	162	163	164	
名稱	重輪	扁形	元雙左挑貫元通寶重文	
級	三	珍	三	
拓圖	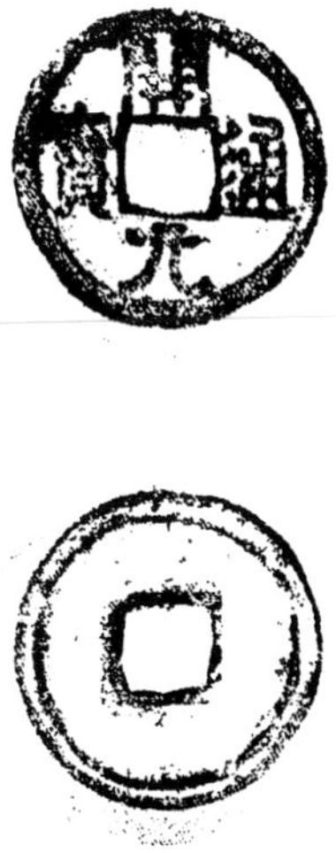	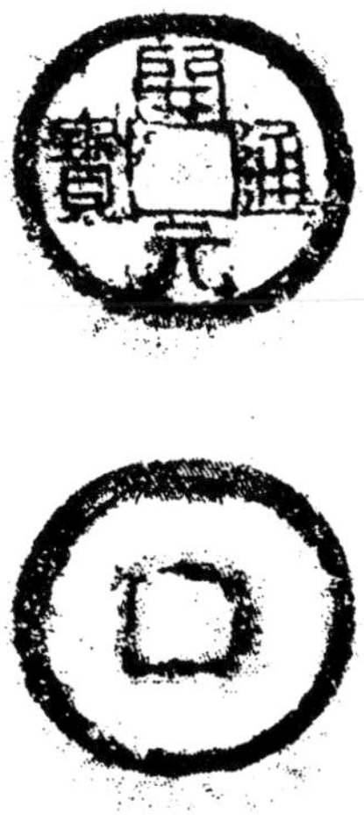		
直徑	直徑:24.7mm	直徑:26.7mm	直徑:23.2mm	
重量	重量:3.6g	重量:3.6g	重量:3.1g	

開元星月集·空背

165 三
闊緣
大樣

直徑:26.3mm
重量:4.3g

166 七
闊緣

直徑:25.1mm
重量:4.0g

167 七
闊緣

直徑:25.1mm
重量:3.9g

168 七
闊緣

直徑:25.0mm
重量:3.9g

169 七
闊緣
コ貝

直徑:24.9mm
重量:3.9g

170 七
闊緣
二貝

直徑:24.8mm
重量:3.4g

171 七
闊緣
外斜輪
面大背小

直徑:24.8mm
重量:3.2g

172 七
闊緣

直徑:24.7mm
重量:3.2g

173	七	闊緣 白銅		直徑:24.2mm	重量:3.7g
174	七	闊緣		直徑:23.9mm	重量:4.2g
175	八	細緣		直徑:23.4mm	重量:3.3g
176	五	異書		直徑:23.7mm	重量:3.9g
177	五	異元 異通	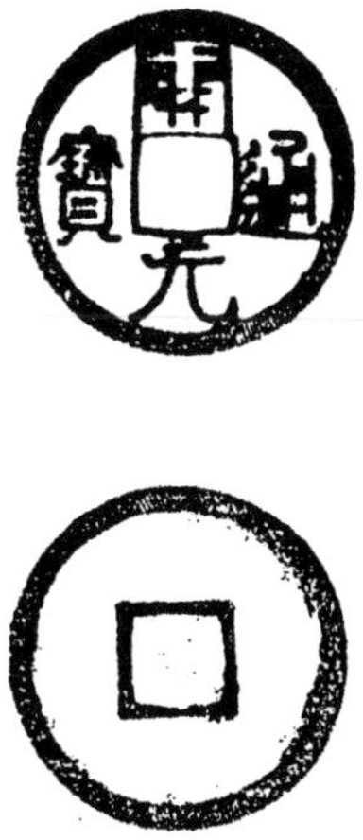	直徑:24.3mm	重量:3.5g

開元星月集・空背

編號	品名	評級	圖	直徑	重量
178	小型 垂頭元 平頭通	九		23.0mm	3.6g
179	小型 平頭通	十	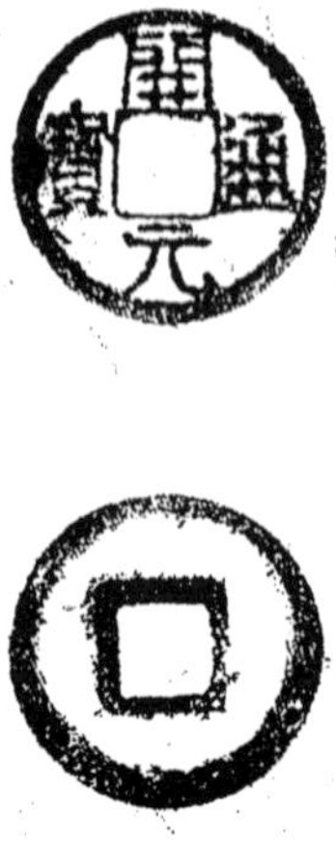	21.9mm	2.6g
180	小型 平頭通	十		22.1mm	3.6g
181	小型 緩挑元	三	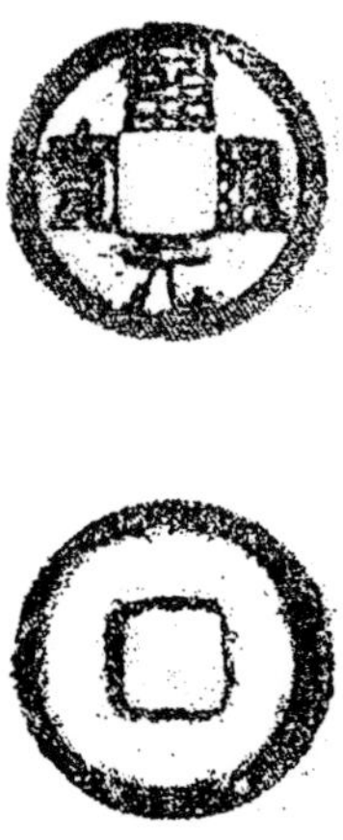	22.7mm	1.9g
182	小型 低頭通	十		21.8mm	1.8g
183	小型 低頭通	十		21.7mm	2.4g
184	小型 低頭通	十	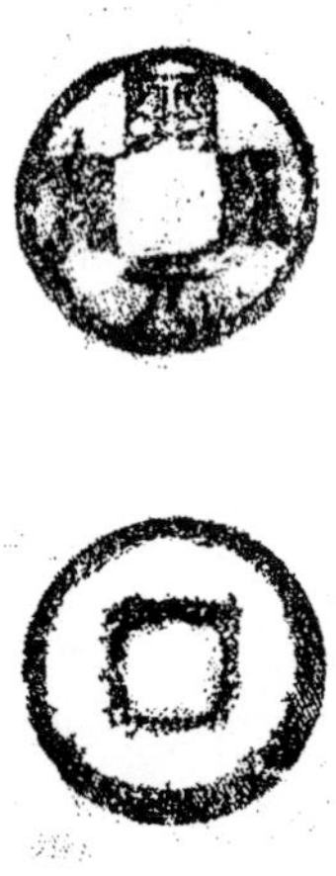	21.2mm	2.3g

開元星月集・空背

185	186	187	
九	十	八	
小型 仰元 仰頭通	小型 仰頭通	小型 仰頭通	

直徑:23.0mm 重量:3.4g	直徑:22.9mm 重量:2.7g	直徑:22.0mm 重量:3.3g	

188	189	190	191
十	八	稀	三
小型 小頭通 背闊緣	小型 小頭通	小型 唐國手	小型 異通 厚重
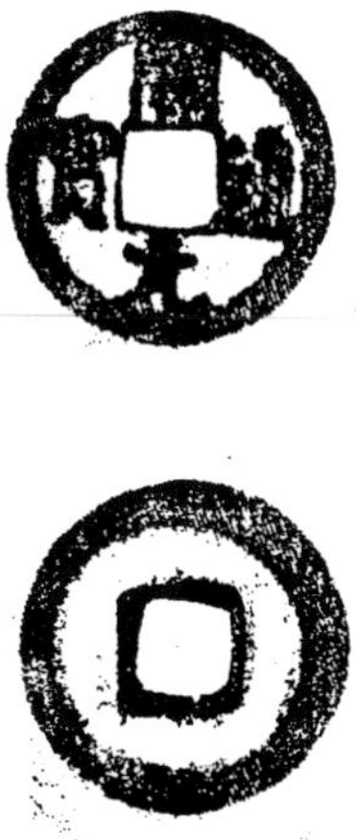	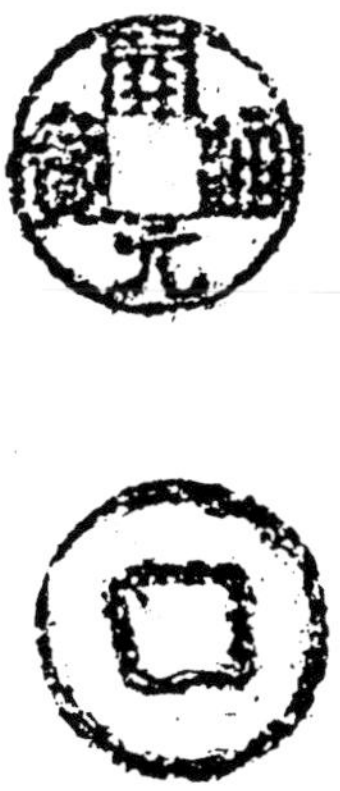	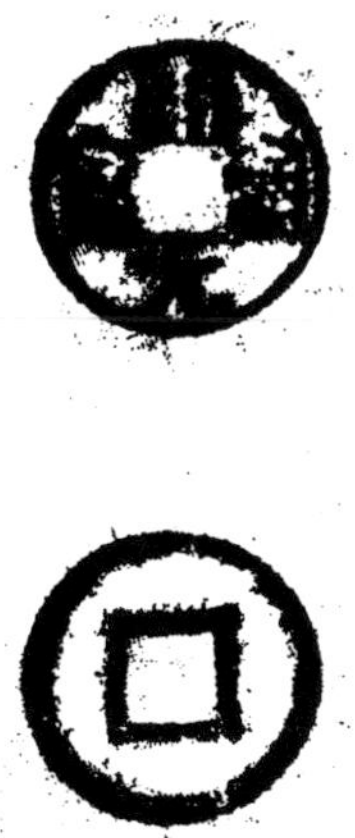	
直徑:23.0mm 重量:3.3g	直徑:19.5mm 重量:1.9g	直徑:19.9mm 重量:2.1g	直徑:23.0mm 重量:5.0g

開元星月集·空背

192	八	新疆開元 紅銅

直徑:24.6mm 重量:5.6g		
193	五	大理開元

直徑:24.6mm 重量:3.9g		

194	三	安南錢 工通

直徑:24.7mm 重量:3.1g		
195	五	安南錢 闊緣

直徑:24.5mm 重量:3.9g		
196	五	安南錢 闊緣
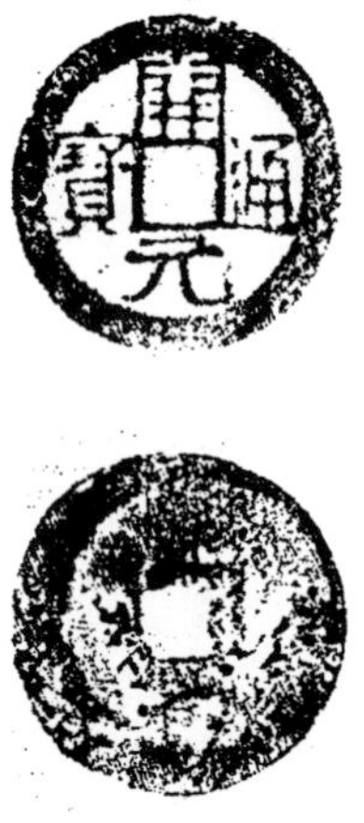		
直徑:24.3mm 重量:3.2g		

197　三

篆書
南唐開元
大樣

直徑:26.3mm
重量:4.2g

198　六

篆書
南唐開元

直徑:25.7mm
重量:3.9g

199　六

篆書
南唐開元

直徑:25.7mm
重量:3.7g

200　七

篆書
南唐開元

直徑:25.5mm
重量:4.3g

201　七

篆書
南唐開元

直徑:25.5mm
重量:4.2g

202　七

篆書
南唐開元

直徑:25.5mm
重量:3.4g

203　七

篆書
南唐開元

直徑:25.0mm
重量:3.0g

204　七

篆書
南唐開元

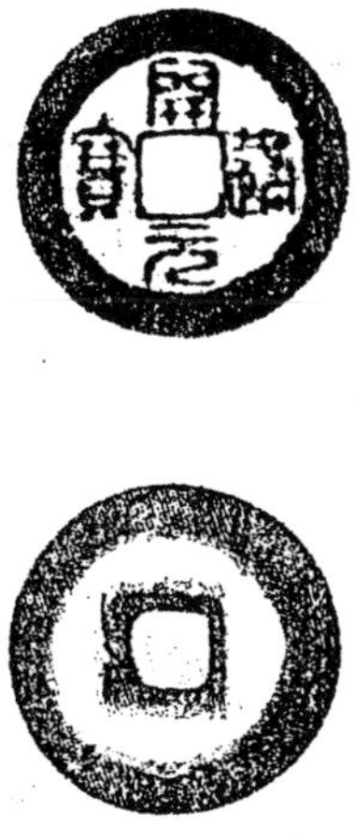

直徑:24.0mm
重量:3.6g

開元星月集・空背

編號	名稱	等級	直徑	重量
205	開元大錢	珍	43.8mm	21.8g
206	開元大錢	珍	43.1mm	22.3g
207	開元大錢	珍	41.9mm	20.3g

205

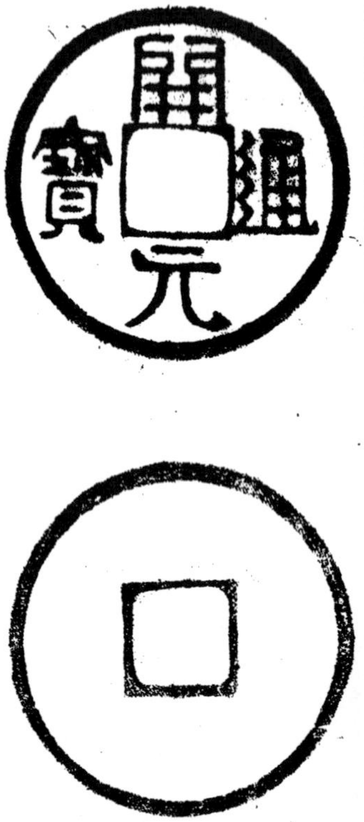

直徑:43.8mm
重量:21.8g

206

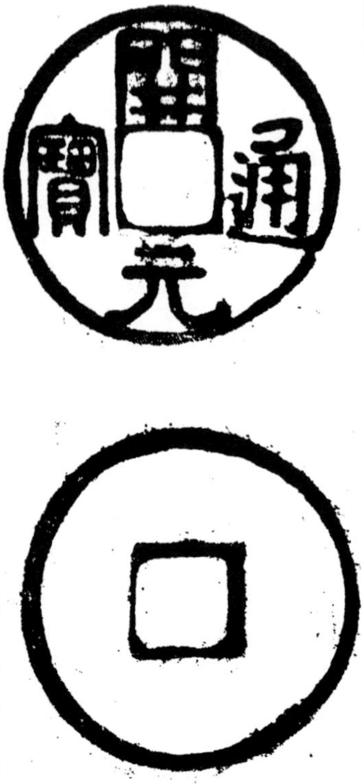

直徑:43.1mm
重量:22.3g

207

直徑:41.9mm
重量:20.3g

開元星月集·空背

208 珍
開元大錢

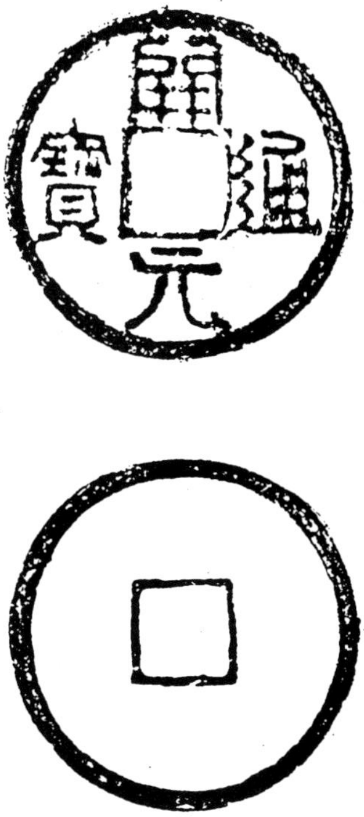

直徑:41.0mm
重量:26.3g

209 珍
開元大錢

直徑:40.9mm
重量:15.8g

210 珍
開元大錢

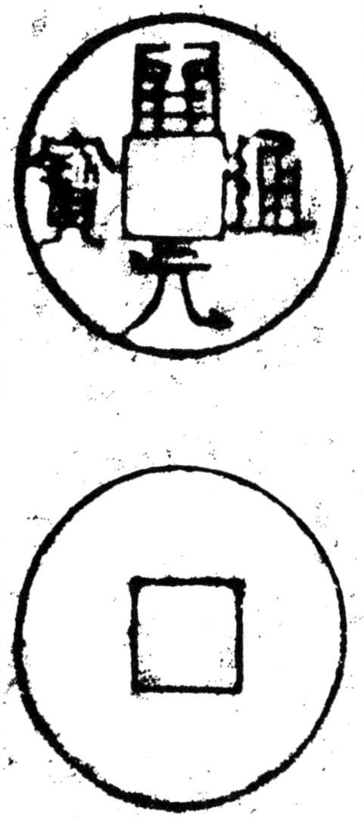

直徑:38.8mm
重量:6.3g

開元星月集・空背

211 珍 開元大錢	212 珍 開元銅鏡	213 珍 開元大錢

211 珍

開元大錢

直徑:46.9mm

重量:28.6g

212 珍

開元銅鏡

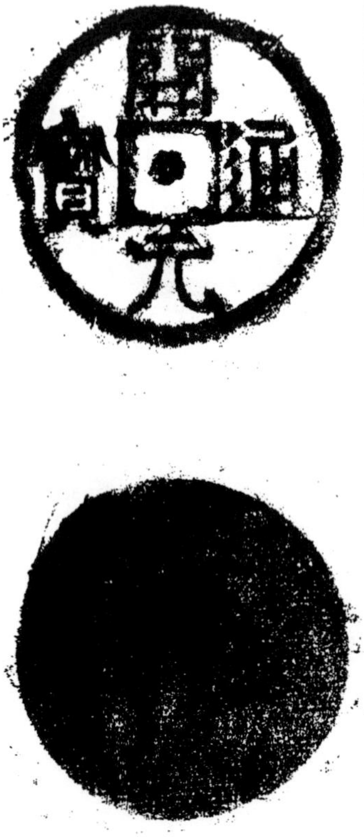

直徑:42.2mm

重量:14.6g

213 珍

開元大錢

直徑:39.2mm

重量:15.1g

開元星月集・空背

214 稀

開元大錢

直徑:36.4mm
重量:12.4g

215 稀

開元大錢

直徑:33.1mm
重量:11.2g

216 珍

開元大錢
稱島錢

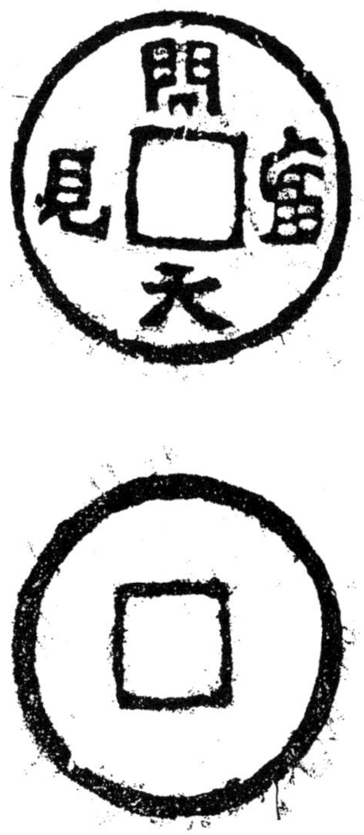

直徑:39.0mm
重量:34.2g

二、合背、合面類

217 合背 三

直徑:25.0mm
重量:4.0g

218 合背 三

直徑:24.9mm
重量:2.9g

219 合背 三

直徑:24.5mm
重量:3.5g

220 合背 四

直徑:23.9mm
重量:3.1g

221 合面 圓穿 三

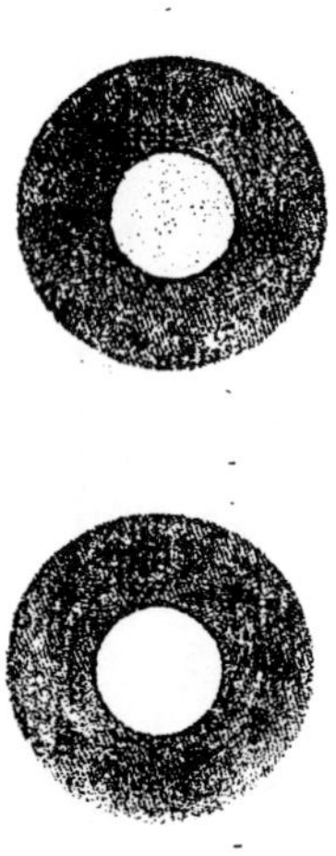

直徑:23.0mm
重量:3.0g

三、星記類

222 開右星 九

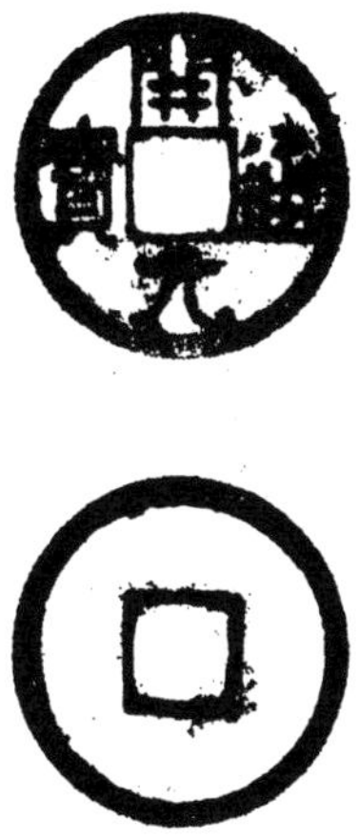

直徑:24.4mm
重量:4.0g

223 開右星 九

直徑:24.0mm
重量:3.1g

224 元下星 寄郭 五

直徑:25.4mm
重量:4.4g

225 元下星 寄郭 五

直徑:24.2mm
重量:3.8g

226 元內星 九

直徑:24.7mm
重量:3.9g

227 元上星 元右挑 三

直徑:23.5mm
重量:3.2g

開元星月集・星記

228	五	元右星 闊緣		直徑:25.2mm	重量:3.9g
229	三	元內元右 雙星		直徑:24.4mm	重量:3.4g
230	七	通上星		直徑:24.3mm	重量:3.9g
231	七	通上星		直徑:24.0mm	重量:3.2g
232	珍	通下星 特大樣		直徑:28.2mm	重量:6.9g
233	珍	通下星 特大樣		直徑:27.6mm	重量:4.1g

開元星月集・星記

234 通下星 — 六

直徑:25.3mm
重量:3.7g

235 通下星 — 五

直徑:25.0mm
重量:4.3g

236 通下星 — 五

直徑:24.7mm
重量:4.3g

237 通下星 闊緣 肥郭 — 五

直徑:24.7mm
重量:3.8g

238 通下 三角星 — 六

直徑:24.7mm
重量:3.5g

239 通下星 匕貝 — 五

直徑:24.6mm
重量:3.2g

240 通下星 背肥郭 — 五

直徑:24.5mm
重量:3.9g

241 通下星 — 六

直徑:24.4mm
重量:3.6g

開元星月集・星記

編號	品	說明	圖	直徑	重量
242	五	通下星		直徑:24.3mm	重量:3.7g
243	五	通下星 背肥郭		直徑:24.4mm	重量:3.6g
244	六	通下星		直徑:24.3mm	重量:3.4g
245	六	通下星		直徑:24.3mm	重量:3.3g
246	五	通下星		直徑:23.8mm	重量:4.5g
247	五	通下星		直徑:23.8mm	重量:3.2g
248	六	通下星		直徑:23.8mm	重量:3.2g
249	五	通下星 背闊緣		直徑:23.7mm	重量:3.7g

開元星月集·星記

250 五
通下星

直徑:23.7mm
重量:3.6g

251 五
通下星
背闊緣
肥郭

直徑:23.5mm
重量:3.6g

252 七
通下星
小型

直徑:22.7mm
重量:3.0g

253 五
寶上星

直徑:24.7mm
重量:4.3g

254 五
寶上星

直徑:24.7mm
重量:3.9g

255 四
寶上接輪
星

直徑:24.5mm
重量:3.4g

256 五
寶上星

直徑:23.5mm
重量:2.9g

開元星月集・星記

257	258	259	260
寶上星	寶下星	寶下星	寶下星
四	七	八	八

直徑:23.0mm	直徑:25.4mm	直徑:25.1mm	直徑:25.0mm
重量:3.4g	重量:3.4g	重量:3.4g	重量:4.1g

261	262	263	264
寶下星	寶下星 厚重	寶下星	寶下星
八	三	八	八

直徑:24.7mm	直徑:24.2mm	直徑:24.0mm	直徑:23.9mm
重量:3.7g	重量:5.0g	重量:2.9g	重量:3.1g

開元星月集・星記

265	266	267
五	七	三
寶下星	寶下星	寶下星 背左移笵

直徑:23.8mm 重量:3.3g	直徑:23.7mm 重量:3.2g	直徑:23.2mm 重量:3.1g

268 上巨星 七

直徑:25.2mm
重量:4.0g

269 上大星 七

直徑:25.2mm
重量:3.8g

270 上星 背上移笵 九

直徑:25.2mm
重量:4.1g

271 上星 八

直徑:24.8mm
重量:3.9g

272 上星 小字 八

直徑:24.7mm
重量:4.3g

273 上星 大通 三

直徑:24.7mm
重量:4.0g

274 上巨星 五

直徑:24.4mm
重量:3.7g

275 上星 俯元 九

直徑:24.4mm
重量:3.2g

開元星月集・星記

276 上接郭星 八

直徑:24.2mm
重量:4.4g

277 上星 八

直徑:23.8mm
重量:3.3g

278 上星 八

直徑:23.1mm
重量:3.4g

279 上進星 八

直徑:24.7mm
重量:3.7g

280 上進星 大字 八

直徑:24.5mm
重量:4.2g

281 上退星 三

直徑:24.3mm
重量:3.2g

282 左上星 七

直徑:24.9mm
重量:3.7g

283 左上星 七

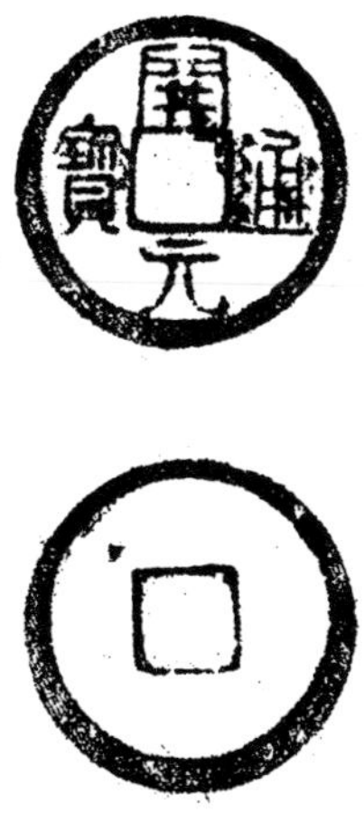

直徑:24.7mm
重量:4.3g

開元星月集・星記

284 右上大星 七

直徑:24.4mm
重量:3.8g

285 右上小星 小型 八

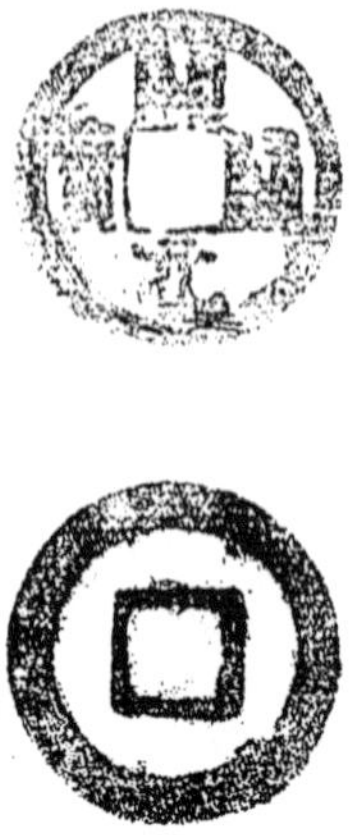

直徑:23.0mm
重量:2.2g

286 下星 八

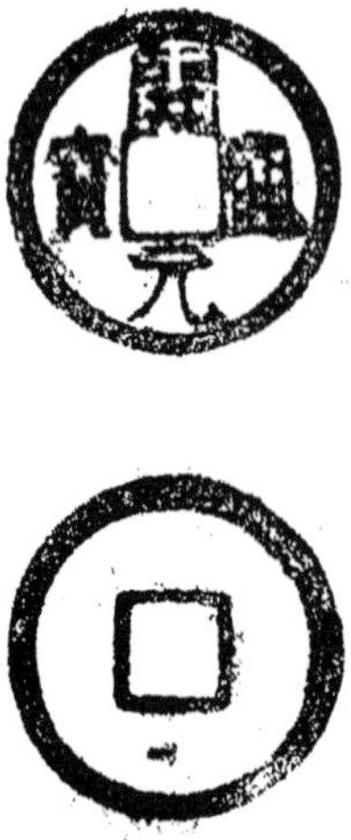

直徑:25.9mm
重量:4.6g

287 下星 八

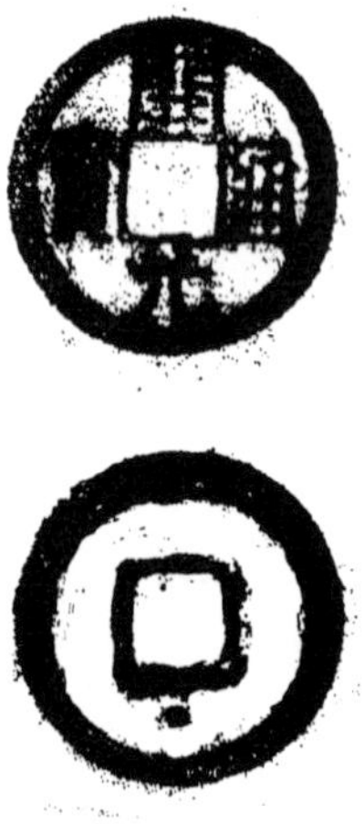

直徑:24.7mm
重量:3.4g

288 下進星 肥字 八

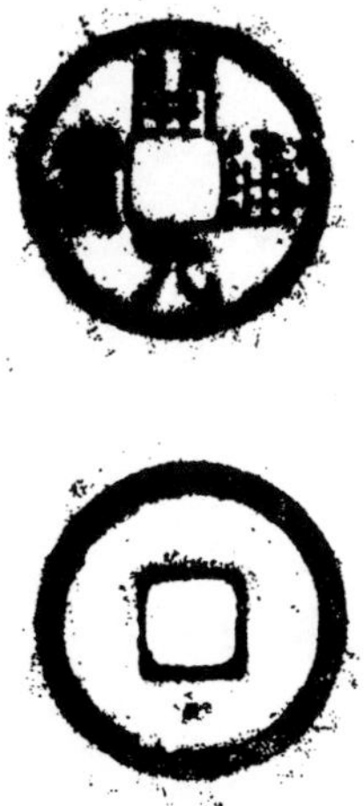

直徑:24.0mm
重量:3.1g

289 下進星 細緣 異通 三

直徑:23.6mm
重量:3.9g

290 左下星 七

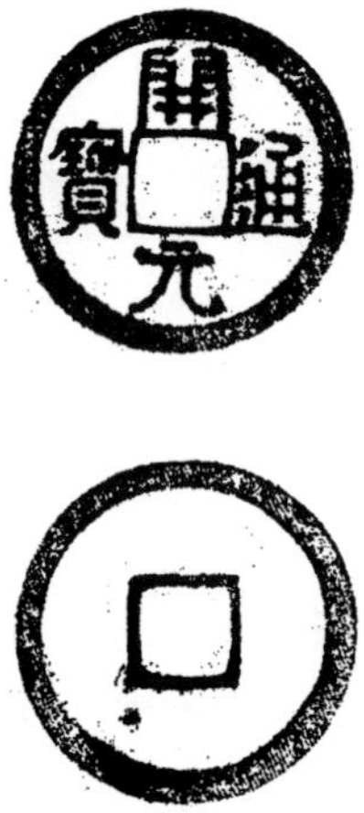

直徑:25.4mm
重量:4.7g

291 左下大星 俯通 彪字 五

直徑:25.2mm
重量:4.2g

開元星月集・星記

編號	品名	等級	拓圖	直徑	重量
292	左下星	七		直徑:24.5mm	重量:4.1g
293	左下圈	五		直徑:24.0mm	重量:2.6g
294	右下小星	六		直徑:25.1mm	重量:4.7g
295	通下三角星 背右下星	稀		直徑:24.9mm	重量:4.3g
296	右下星	三		直徑:24.5mm	重量:3.7g
297	右下星	五		直徑:24.4mm	重量:3.5g
298	左星	八		直徑:25.0mm	重量:3.4g
299	左星 異足寶	五		直徑:24.7mm	重量:3.8g

開元星月集・星記

編號	說明	等級	圖	直徑	重量
300	左星	八		直徑:24.7mm	重量:3.6g
301	左接郭星	八		直徑:24.3mm	重量:4.0g
302	左星異書	五		直徑:24.2mm	重量:3.7g
303	左接郭星	八		直徑:23.7mm	重量:3.2g
304	左星背上移范	八		直徑:23.1mm	重量:3.1g
305	右小星	九	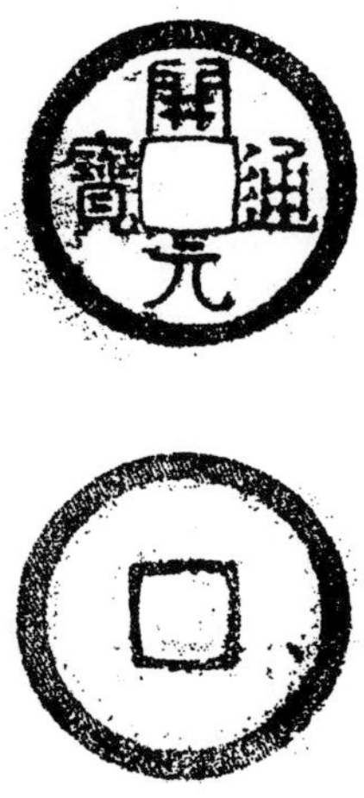	直徑:25.6mm	重量:4.4g
306	右星	三		直徑:24.7mm	重量:4.6g
307	右星	三		直徑:24.6mm	重量:4.2g

開元星月集・星記

308	309	310	311
三	三	四	三
右星	右星	右星	右星

直徑:24.6mm 重量:3.5g	直徑:24.5mm 重量:3.6g	直徑:24.4mm 重量:4.5g	直徑:24.4mm 重量:4.2g

312	313	314	
五	五	五	
右接郭星 大字	右接郭星	右星	

直徑:24.3mm 重量:3.6g	直徑:24.2mm 重量:2.8g	直徑:23.7mm 重量:3.6g	

開元星月集·星記

315 三
開左右雙星

直徑:25.4mm
重量:3.8g

316 三
寶下雙星

直徑:24.4mm
重量:3.0g

317 一
背上雙星

直徑:25.0mm
重量:3.4g

318 三
左上角雙星
細緣
小型

直徑:22.5mm
重量:3.0g

319 三
背上雙星
右下星
小型

直徑:22.9mm
重量:3.0g

320 三
左上右下雙星

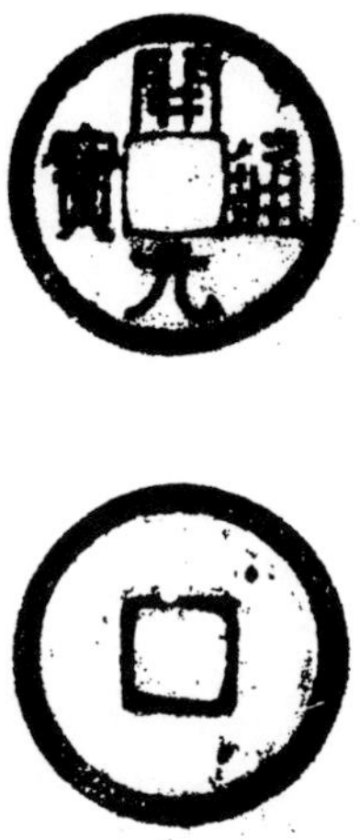

直徑:24.8mm
重量:3.8g

321 三
元左右星
背三星

直徑:23.3mm
重量:3.3g

322 二
背多星
闊緣

直徑:23.8mm
重量:4.0g

開元星月集·上月

四、上月類

323 一
上月 異月 特大樣

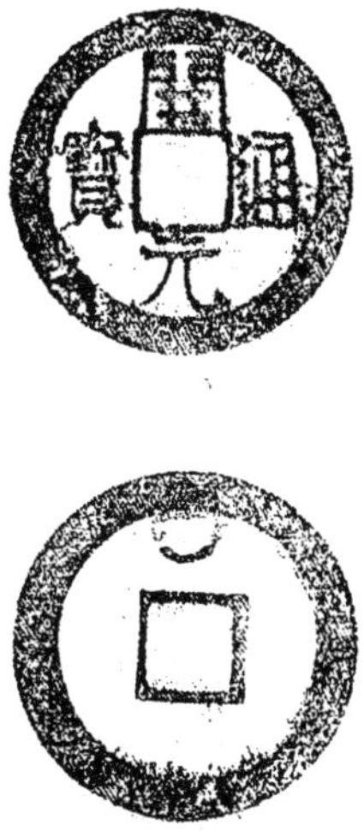

直徑:27.5mm
重量:4.9g

324 一
上月 特大樣

直徑:27.5mm
重量:4.9g

325 一
上月 斜月 特大樣

直徑:27.2mm
重量:4.3g

326 一
上進月 特大樣

直徑:27.0mm
重量:4.9g

327 一
上退月 特大樣

直徑:27.0mm
重量:4.3g

328 一
上月 大樣

直徑:26.9mm
重量:4.4g

329 一
上俯月 大樣

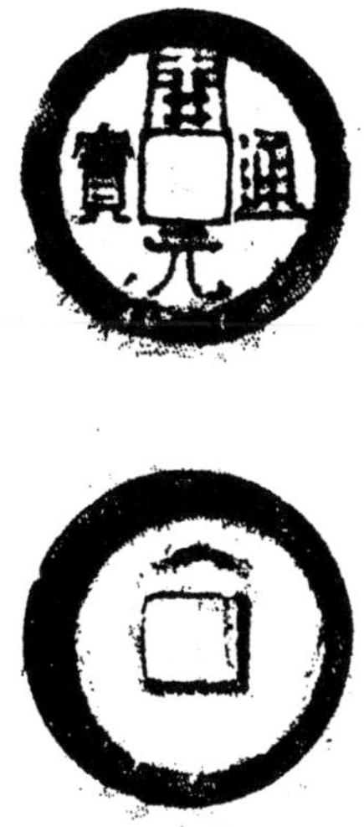

直徑:26.7mm
重量:5.3g

開元星月集・上月

330	二	上降月 大樣		直徑:26.2mm	重量:4.9g
331	二	上月 大樣		直徑:26.0mm	重量:4.8g
332	二	上退月 大樣		直徑:26.0mm	重量:4.5g
333	二	上月 大樣	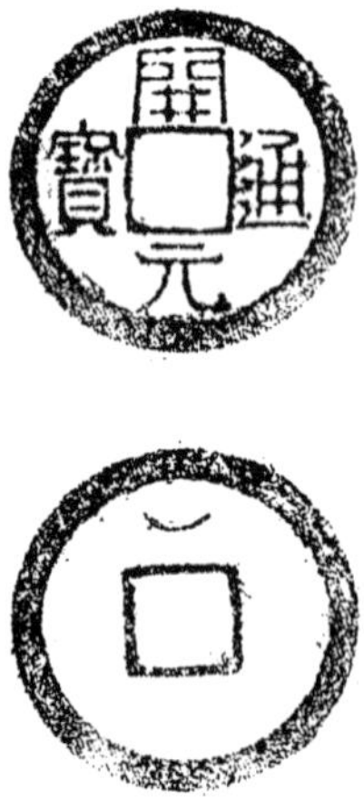	直徑:26.0mm	重量:4.5g
334	二	上降月 大樣		直徑:26.0mm	重量:4.4g
335	二	上月 大樣		直徑:26.0mm	重量:4.3g
336	二	上進月 大樣		直徑:26.0mm	重量:4.1g
337	二	上退月 大樣		直徑:26.0mm	重量:4.0g

開元星月集・上月

338 二
上月 大樣

直徑:26.0mm
重量:4.0g

339 二
上月 大樣

直徑:26.0mm
重量:3.7g

340 五
上月 大字

直徑:25.2mm
重量:4.3g

341 七
上月 細字

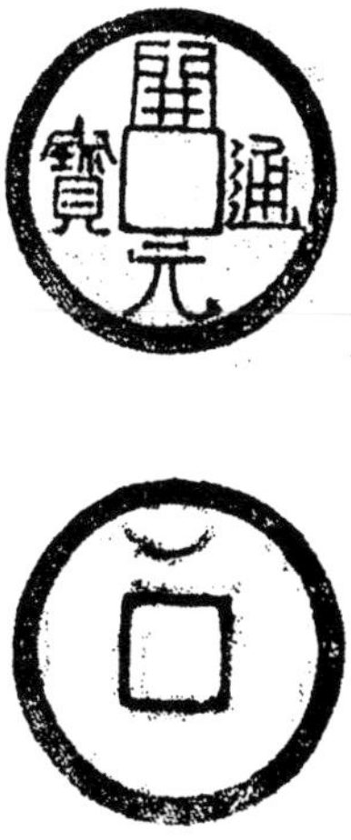

直徑:25.3mm
重量:4.0g

342 七
上月 閉門開 緩挑元

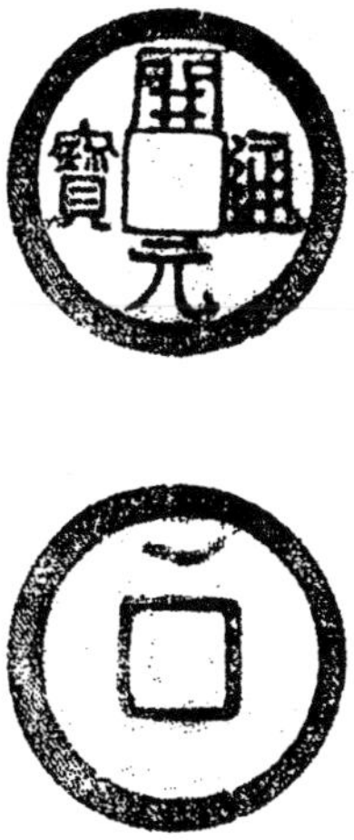

直徑:25.6mm
重量:4.4g

開元星月集・上月

343 五
上月
雙挑元
白銅

直徑:24.9mm
重量:4.4g

344 八
上月
仰元
旋穿

直徑:24.9mm
重量:4.1g

345 八
上月
仰元

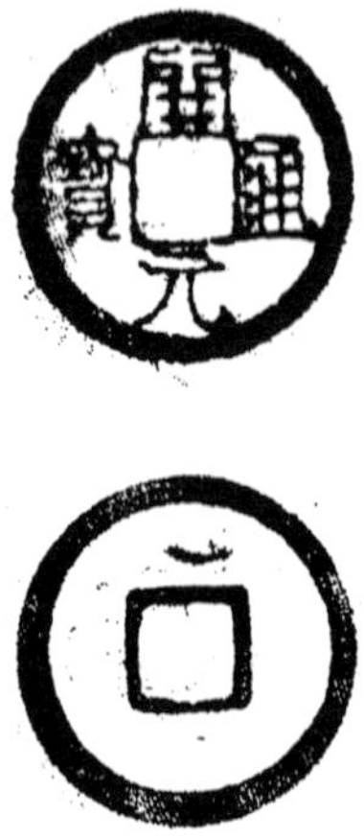

直徑:24.7mm
重量:3.7g

346 八
上月
仰元
細郭

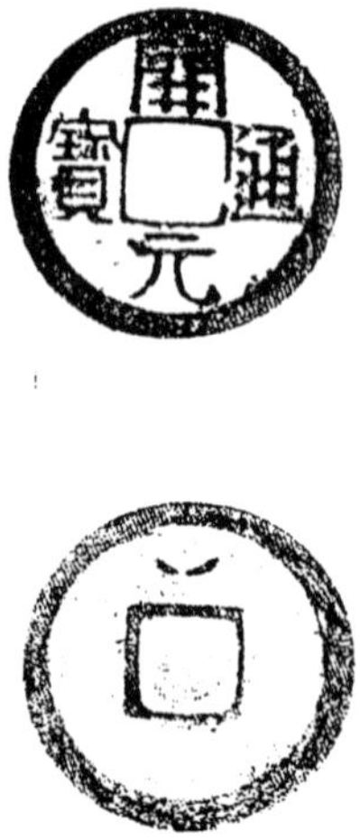

直徑:24.7mm
重量:3.6g

347 十
上月
平頭通

直徑:25.5mm
重量:4.6g

348 十
上月
平頭通

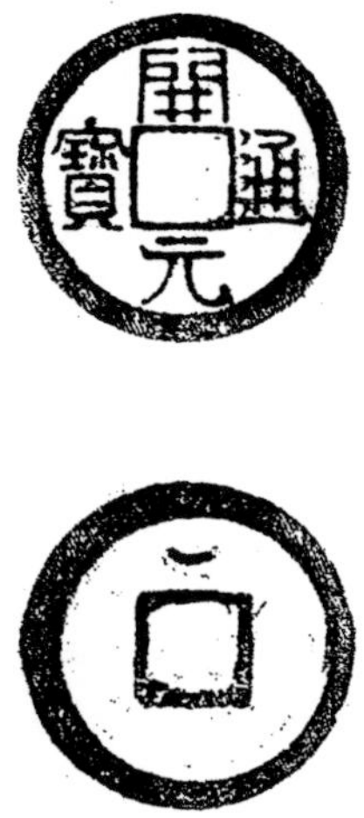

直徑:25.5mm
重量:4.5g

349 十
上月
平頭通

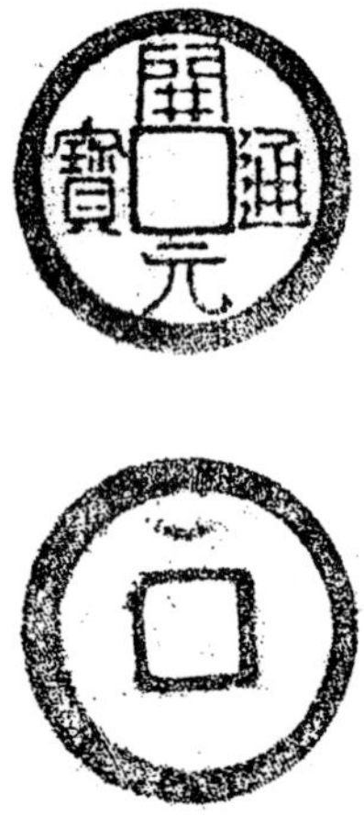

直徑:25.3mm
重量:4.4g

350 十
上月
平頭通

直徑:25.1mm
重量:3.4g

開元星月集・上月

351 上月 平頭通

直徑:25.0mm
重量:4.1g

352 上月 仰頭通

直徑:25.4mm
重量:3.6g

353 上月 仰頭通

直徑:25.2mm
重量:4.0g

354 上月 低頭通 寬元

直徑:25.1mm
重量:4.3g

355 上月 低頭通 小字

直徑:25.0mm
重量:3.6g

356 上月 低頭通 小通

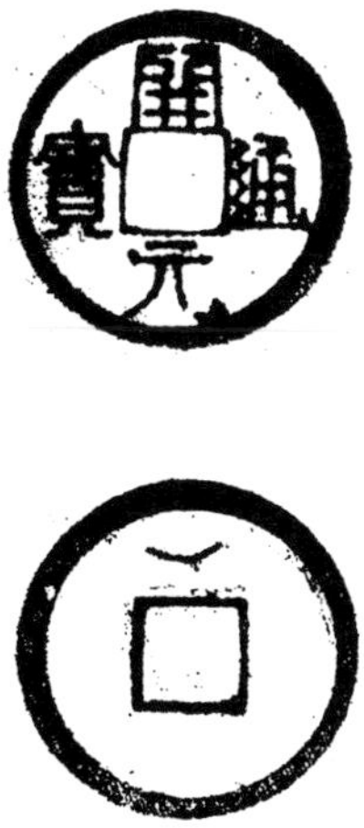

直徑:24.8mm
重量:3.7g

357 上月 低頭通 旋穿

直徑:24.7mm
重量:4.2g

358	十

上月 低頭通 花穿

直徑:25.8mm
重量:4.3g

359	十

上月 低頭通

直徑:25.8mm
重量:3.9g

360	三

上月 低頭通 厚重

直徑:25.6mm
重量:5.0g

361	十

上月 低頭通

直徑:25.5mm
重量:4.5g

362	十

上月 低頭通

直徑:25.5mm
重量:4.2g

363	十

上細月 低頭通

直徑:25.4mm
重量:4.0g

364	十

上月 低頭通 闊緣

直徑:25.4mm
重量:3.6g

365	十

上月 低頭通

直徑:25.3mm
重量:4.2g

開元星月集·上月

366 十
上月 低頭通

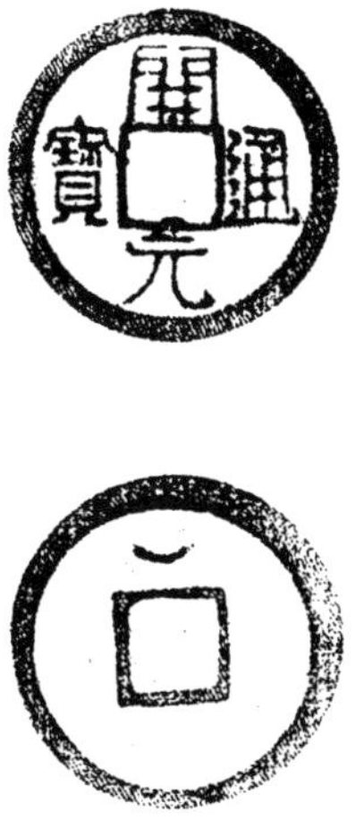

直徑:25.2mm
重量:4.0g

367 十
上肥月 低頭通

直徑:25.2mm
重量:4.0g

368 十
上月 低頭通

直徑:25.2mm
重量:3.9g

369 十
上月 低頭通

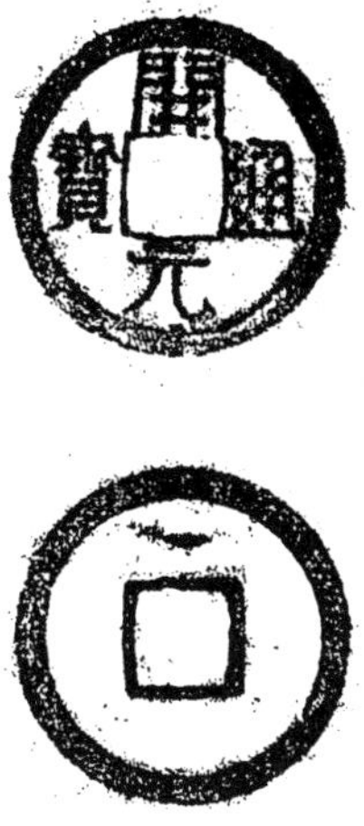

直徑:25.2mm
重量:3.7g

370 三
上月 低頭通 貫通

直徑:25.1mm
重量:4.6g

371 十
上月 低頭通

直徑:25.1mm
重量:4.1g

372 十
上月 低頭通

直徑:25.1mm
重量:3.7g

373 十
上月 低頭通

直徑:24.9mm
重量:4.1g

374 十

上月 低頭通

直徑:24.9mm
重量:3.9g

375 十

上月 低頭通

直徑:24.9mm
重量:3.8g

376 十

上月 目貝 

直徑:25.3mm
重量:3.6g

377 十

上月 出尒寶

直徑:25.0mm
重量:3.6g

378 十

上月 目貝 

直徑:24.6mm
重量:3.7g

379 三

上肥月
大元
平頭通

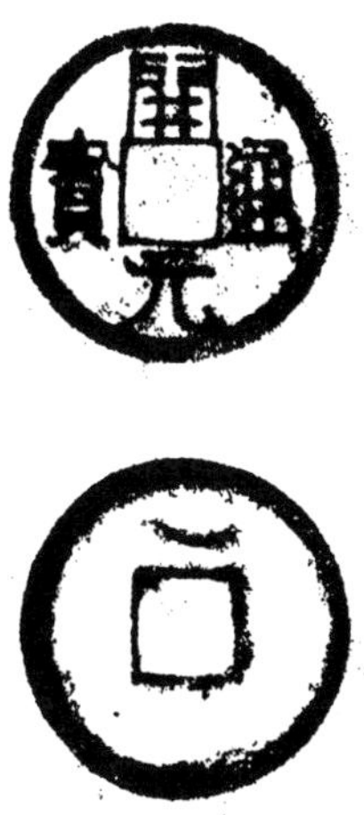

直徑:25.7mm
重量:3.4g

380 九

上肥月
左移范

直徑:25.2mm
重量:3.6g

381 十

上肥月

直徑:25.0mm
重量:3.5g

382 十

上肥月

直徑:24.8mm
重量:3.6g

383 五

上肥月
雙挑元
錢體歪斜

直徑:24.2mm
重量:4.3g

384 五

上肥月
雙挑元

直徑:24.1mm
重量:3.0g

開元星月集・上月

編號	品名	等級	圖	直徑	重量
385	上長月	十		直徑:25.6mm	重量:4.8g
386	上長月 容弱	五		直徑:25.1mm	重量:4.0g
387	上長月 小型	十		直徑:22.3mm	重量:3.4g
388	上進月 不挑元	五		直徑:25.9mm	重量:4.3g
389	上進月	十		直徑:25.7mm	重量:4.5g
390	上進月	十		直徑:25.7mm	重量:4.2g
391	上進月 雙挑元	五		直徑:25.5mm	重量:4.7g

開元星月集・上月

392 五

上進月 雙挑元

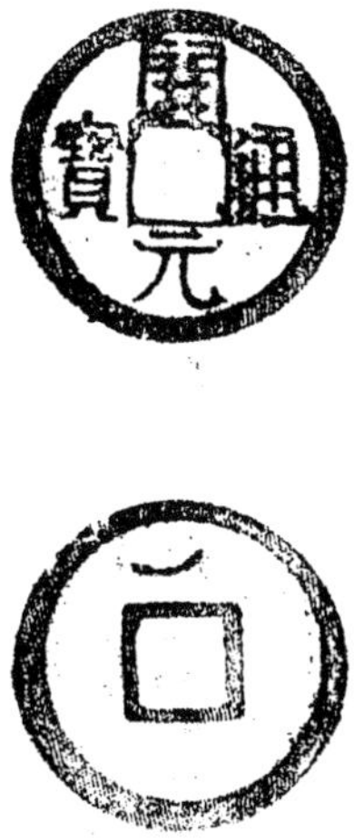

直徑:25.3mm
重量:4.3g

393 五

上進月 雙挑元

直徑:25.0mm
重量:3.1g

394 五

上進月 雙挑元

直徑:24.9mm
重量:4.0g

395 五

上進月 雙挑元

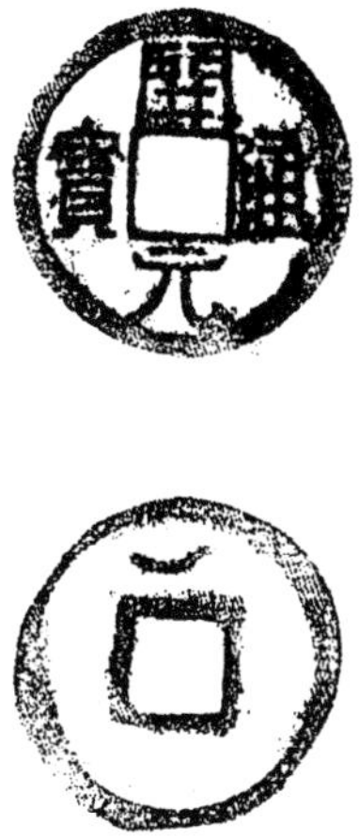

直徑:24.8mm
重量:3.6g

396 十

上進月

直徑:24.0mm
重量:5.1g

397 十

上進月

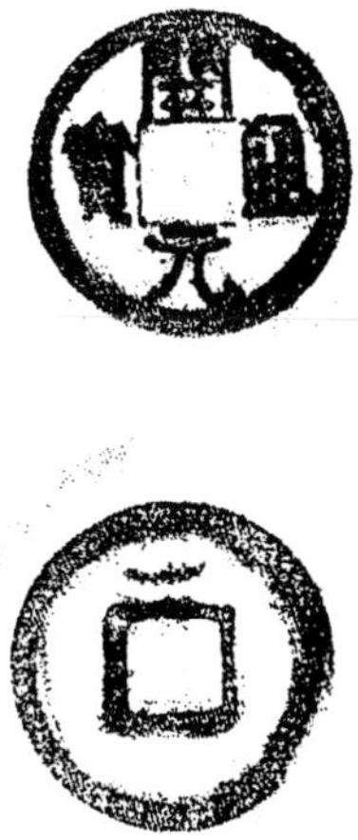

直徑:23.3mm
重量:2.5g

開元星月集·上月

398 上退月 十

直徑:25.8mm
重量:4.5g

399 上退月 十

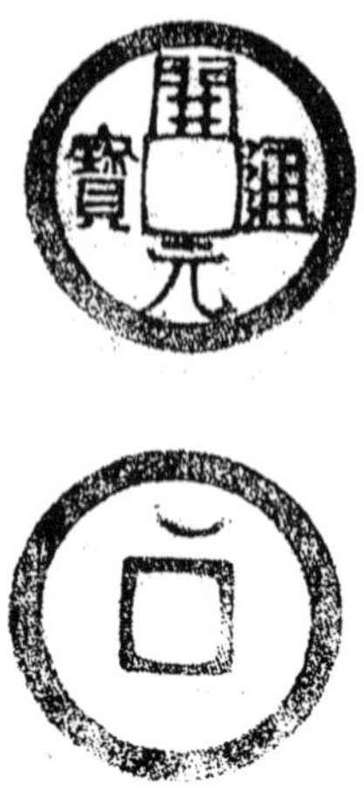

直徑:25.8mm
重量:4.4g

400 上退月 十

直徑:25.8mm
重量:4.4g

401 上退月 十

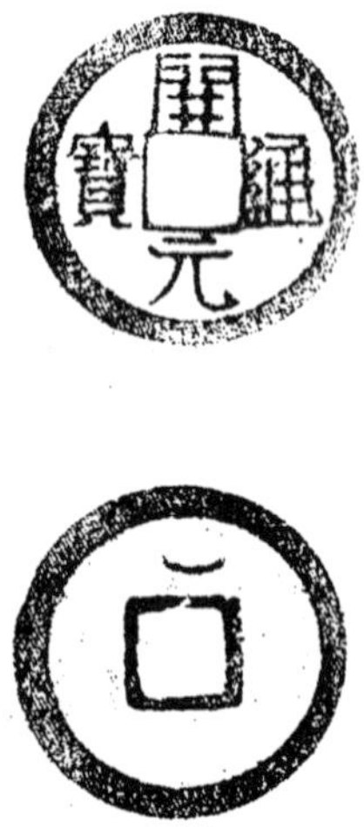

直徑:25.8mm
重量:4.2g

402 上退月 十

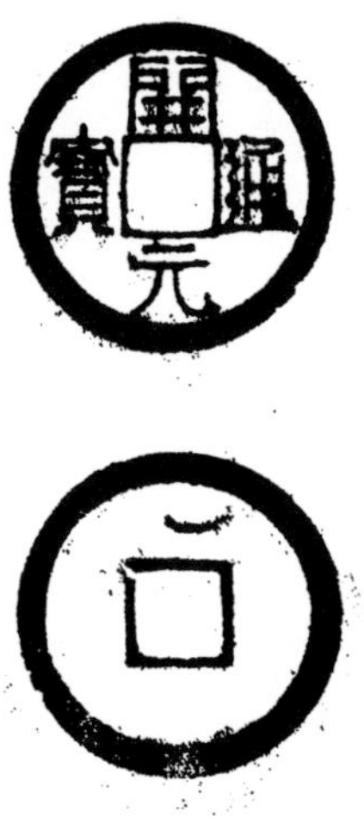

直徑:25.4mm
重量:4.0g

403 上退月 斷舟 七

直徑:25.0mm
重量:4.2g

404 上退月 十

直徑:25.0mm
重量:3.7g

405 上退月 雙挑元 五

直徑:25.3mm
重量:4.5g

開元星月集·上月

編號	品級	說明	拓圖	直徑	重量
406	八	上退月 直元 長足寶		直徑:25.5mm	重量:4.6g
407	五	上退月 雙挑元		直徑:25.5mm	重量:4.3g
408	十	上退月		直徑:25.5mm	重量:4.1g
409	十	上退月		直徑:25.5mm	重量:4.1g
410	十	上退月		直徑:25.3mm	重量:4.3g
411	十	上退月		直徑:25.3mm	重量:4.2g
412	十	上退月	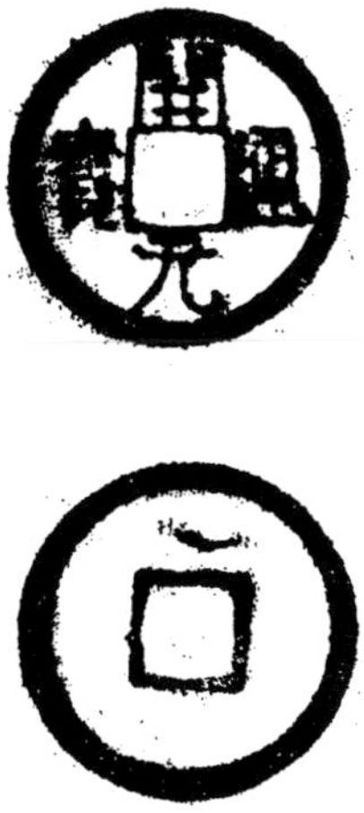	直徑:25.3mm	重量:4.1g
413	十	上退月		直徑:25.3mm	重量:4.0g

開元星月集・上月

414 十
上退月

直徑:25.2mm
重量:4.3g

415 十
上退月

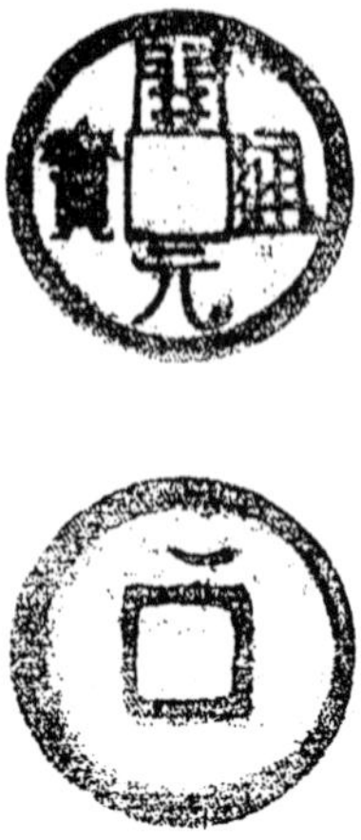

直徑:24.9mm
重量:3.8g

416 五
上退月 雙挑元

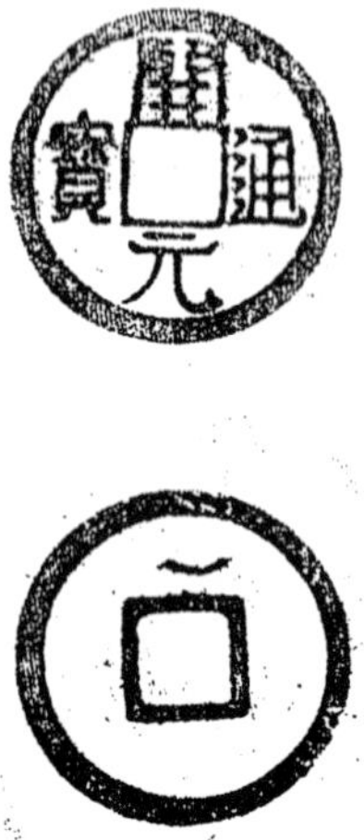

直徑:24.9mm
重量:3.9g

417 十
上退月

直徑:24.8mm
重量:3.7g

418 五
上退月 雙挑元

直徑:24.8mm
重量:3.7g

419 十
上退月

直徑:24.8mm
重量:4.0g

420 九
上退月 工貝

直徑:24.7mm
重量:3.6g

421 十
上退月 花穿

直徑:24.7mm
重量:3.3g

開元星月集・上月

422	上昇月 斜寶	十
423	上昇月	十

直徑:25.7mm
重量:3.9g

直徑:25.5mm
重量:4.0g

424	上降月 斜穿	十
425	上降月 元先下挑 再左挑	八
426	上降月 元先下挑 再左挑	八
427	上降月	三

直徑:25.6mm
重量:5.3g

直徑:25.6mm
重量:4.9g

直徑:25.6mm
重量:4.7g

直徑:25.5mm
重量:3.9g

開元星月集·上月

428	429	430	431
十	十	九	八
上降月	上降月	上降月 工貝 	上降月 元先右挑 再左挑

直徑:25.5mm 重量:3.4g	直徑:25.2mm 重量:3.5g	直徑:25.1mm 重量:3.6g	直徑:24.9mm 重量:3.7g

432	433	434	435
十	十	十	三
上降月	上降月	上降月	上降月 異通
		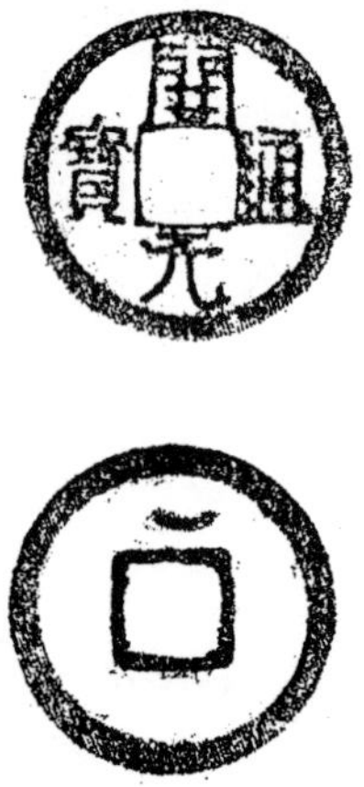	
直徑:24.8mm 重量:4.6g	直徑:24.8mm 重量:4.1g	直徑:24.5mm 重量:3.3g	直徑:24.4mm 重量:3.0 g

開元星月集・上月

436 十 上斜月

直徑:25.1mm
重量:4.6g

437 十 上斜月

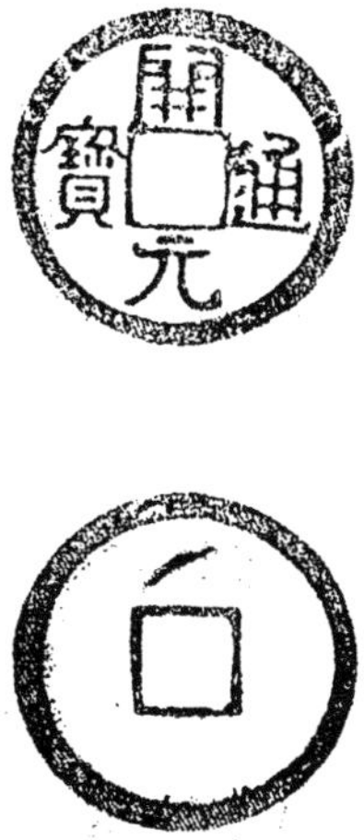

直徑:25.1mm
重量:4.3g

438 十 上斜月

直徑:24.6mm
重量:3.4g

439 十 上斜月

直徑:24.6mm
重量:3.1g

440 十 上斜月

直徑:24.4mm
重量:4.3g

編號	441	442	443	444
類別	上俯月	上俯月	上俯月	上俯月
評級	九	九	九	九
圖				
直徑	直徑:25.8mm	直徑:25.8mm	直徑:25.7mm	直徑:25.7mm
重量	重量:4.7g	重量:4.4g	重量:4.6g	重量:4.2g

編號	445	446	447	448
類別	上俯月	上俯月	上俯月 貫通	上俯月
評級	九	九	三	九
圖				
直徑	直徑:25.6mm	直徑:25.5mm	直徑:25.3mm	直徑:25.3mm
重量	重量:3.7g	重量:4.6g	重量:4.5g	重量:3.9g

開元星月集・上月

449 上俯月 九

直徑:25.1mm
重量:3.7g

450 上俯月 狹元 四

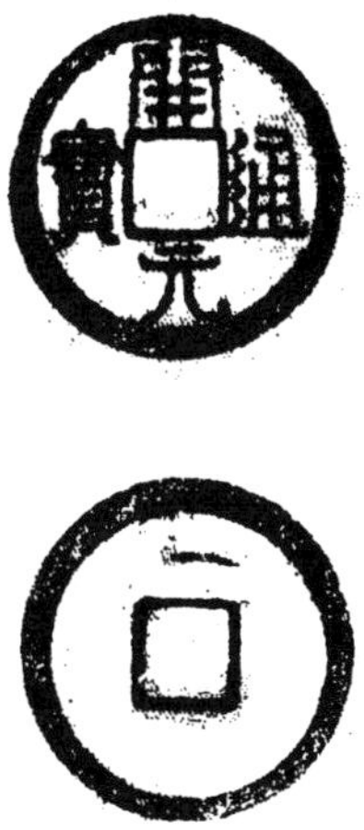

直徑:24.9mm
重量:4.1g

451 上俯月 九

直徑:24.8mm
重量:3.5g

452 上俯月 九

直徑:24.7mm
重量:4.1g

453 上甲文 大字 五

直徑:25.7mm
重量:3.3g

454 上甲文 短一元 八

直徑:25.5mm
重量:4.6g

455 上甲文 十

直徑:25.3mm
重量:4.1g

456 上甲文 十

直徑:25.2mm
重量:3.7g

開元星月集・上月

457	458	459	460
五	十	十	九
上直月 彪字	上直月	上直月	上直月 出尒寶 

直徑:25.3mm 重量:4.8g	直徑:25.3mm 重量:4.6g	直徑:25.1mm 重量:3.9g	直徑:25.1mm 重量:3.7g

461	462	463	464
十	十	九	十
上直月	上直月	上直月 緩挑元	上直月

直徑:25.0mm 重量:3.9g	直徑:25.0mm 重量:3.8g	直徑:24.9mm 重量:4.1g	直徑:24.8mm 重量:3.7g

開元星月集・上月

465	八	上直月 右貫元		直徑:24.7mm	重量:3.7g
466	二	上直月 遒勁 小字		直徑:24.0mm	重量:3.3g
467	八	上直月 異通		直徑:23.9mm	重量:3.3g
468	八	上直月 元先右挑 再左挑		直徑:23.0mm	重量:3.1g
469	八	上月 西湖出土 南越開元		直徑:25.4mm	重量:2.7g
470	八	上月 西湖出土 南越開元		直徑:25.1mm	重量:2.9g
471	八	上月 西湖出土 南越開元		直徑:24.9mm	重量:2.8g
472	五	上月 大理開元		直徑:25.6mm	重量:4.7g

開元星月集·上月

編號	名稱	等級	拓圖	直徑	重量
473	上俯月 闊緣	六	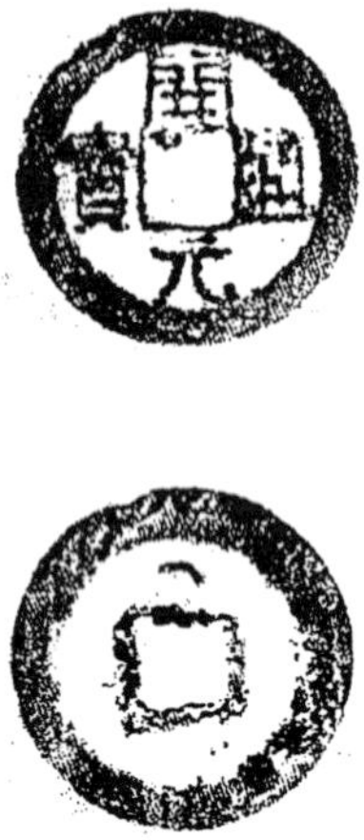	24.3mm	4.1g
474	上月 闊緣	七	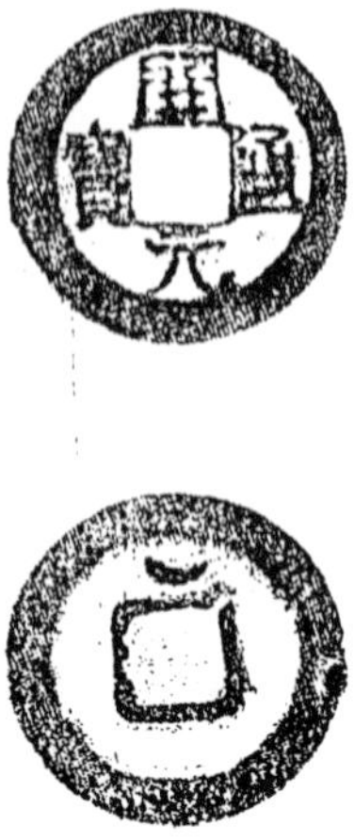	24.3mm	3.1g
475	上月 闊緣	七		24.1mm	3.8g
476	上月 安南錢	三		25.1mm	3.8g
477	上月 安南錢	三		24.5mm	3.0g
478	上月 安南錢	三		24.2mm	2.5g
479	上月 安南錢	三	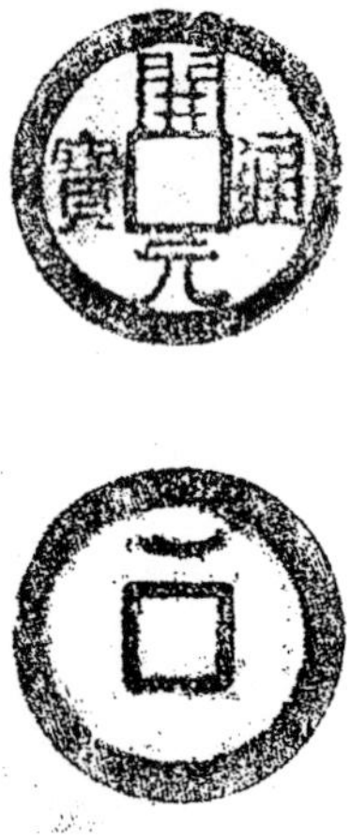	23.9mm	2.4g

五、單月類

480 七

面左下月 旋穿

直徑:24.3mm
重量:3.3g

481 七

面右下月

直徑:25.3mm
重量:3.9g

482 七

右月

直徑:24.5mm
重量:4.2g

483 七

通下月

直徑:23.7mm
重量:2.4g

484 七

通下月 與887版式相同

直徑:24.9mm
重量:3.9g

485 七

通下月

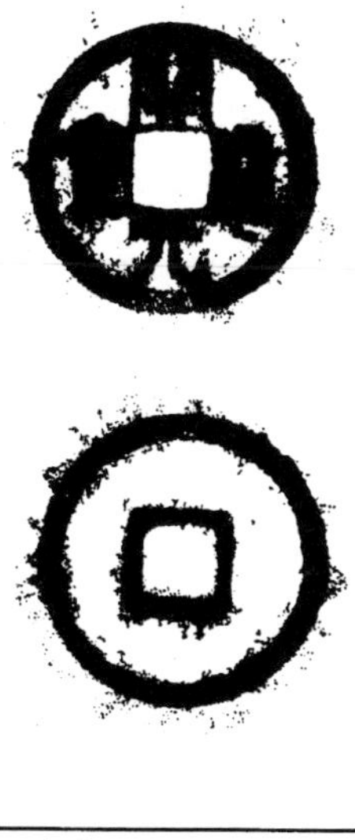

直徑:24.7mm
重量:3.6g

486 七

通下月

直徑:23.9mm
重量:4.1g

開元星月集·單月

487 七
通下月 花穿

直徑:23.9mm
重量:3.6g

488 七
通下月

直徑:25.3mm
重量:4.6g

489 七
通下月 右挑元

直徑:25.0mm
重量:4.3g

490 七
通下月

直徑:24.6mm
重量:3.4g

491 五
下降月 彪字

直徑:25.2mm
重量:4.2g

492 四
下月 大字

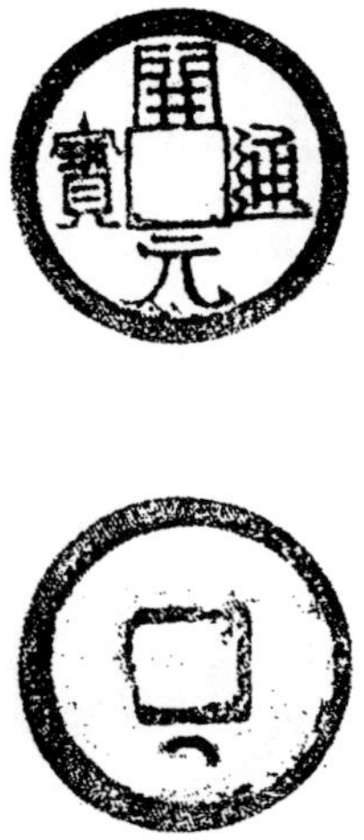

直徑:25.2mm
重量:4.2g

493 五
下降月 不挑元 彪字

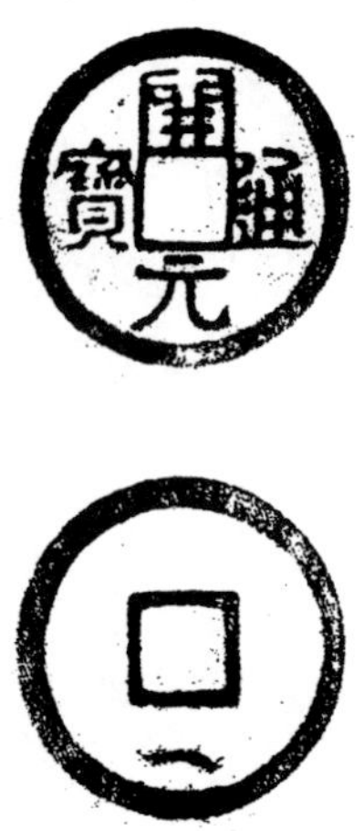

直徑:25.1mm
重量:4.7g

494 六
下直月 彪字

直徑:25.1mm
重量:3.6g

開元星月集・單月

編號	等級	說明	拓圖	直徑	重量
495	五	下降月 彪字		直徑:25.0mm	重量:4.3g
496	九	下月		直徑:25.0mm	重量:4.0g
497	四	下降月 彪字		直徑:24.9mm	重量:3.9g
498	五	下降月 彪字	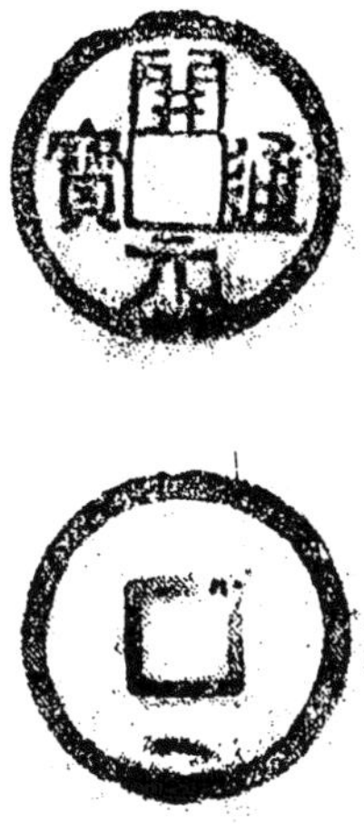	直徑:24.9mm	重量:3.7g
499	七	下肥月 闊緣		直徑:24.7mm	重量:3.8g
500	七	下月 闊緣		直徑:24.7mm	重量:3.7g
501	五	下月 彪字		直徑:24.6mm	重量:3.3g
502	五	下降月 不挑元		直徑:24.5mm	重量:3.9g

開元星月集·單月

503 十

下肥月

直徑:24.4mm
重量:3.9g

504 七

下月 闊緣

直徑:24.1mm
重量:3.1g

505 七

下月 闊緣

直徑:24.0mm
重量:3.1g

506 七

下月 闊緣

直徑:23.8mm
重量:3.8g

507 十

下月

直徑:23.7mm
重量:4.1g

508 十

下月

直徑:25.6mm
重量:4.4g

509 八

下月 俯元

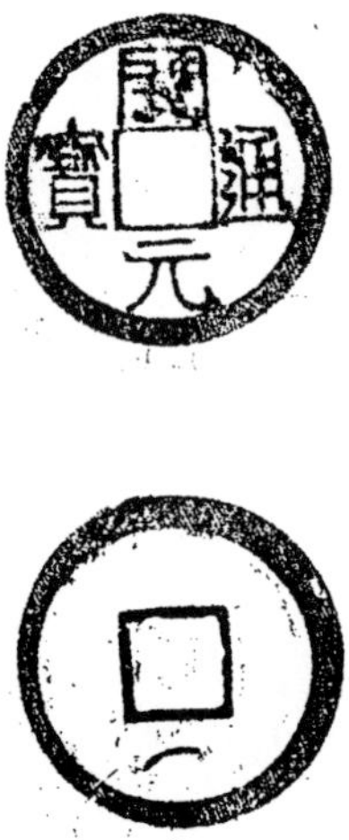

直徑:25.1mm
重量:4.1g

510 十

下月

直徑:25.0mm
重量:4.1g

開元星月集·單月

511 十
下月

直徑:25.0mm
重量:3.3g

512 十
下月

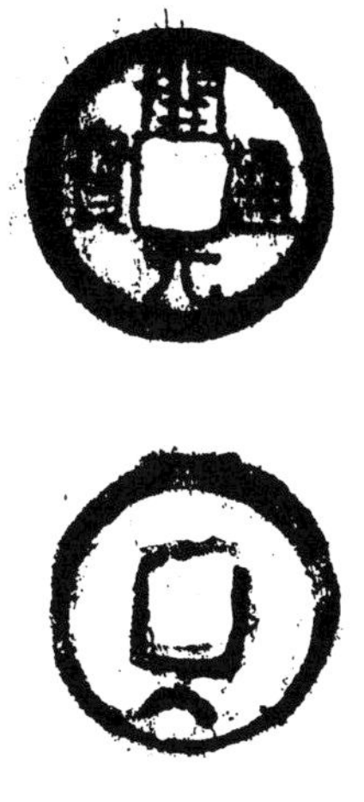

直徑:24.2mm
重量:3.3g

513 六
下斷月

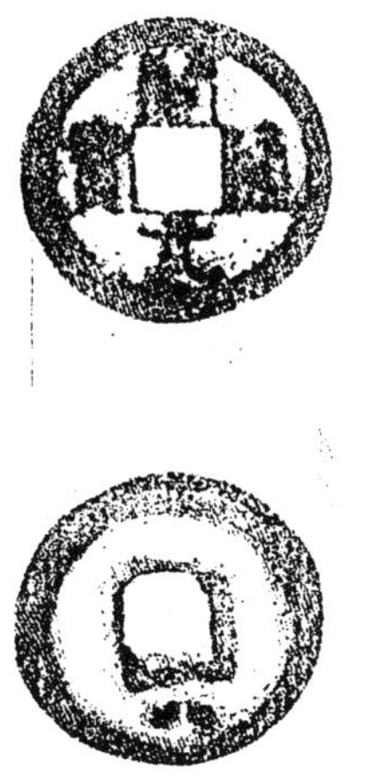

直徑:24.4mm
重量:3.3g

514 六
下斷月

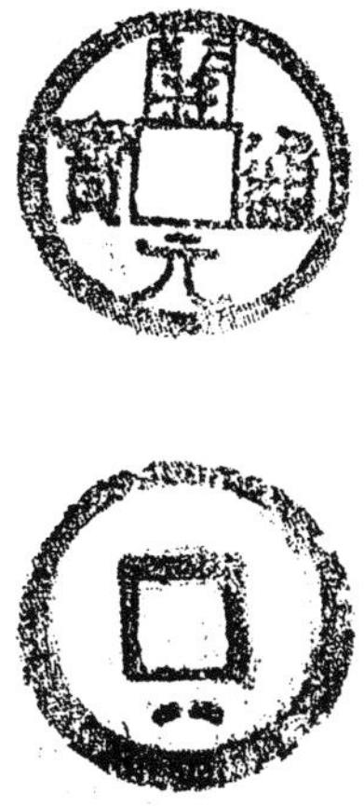

直徑:24.3mm
重量:3.1g

515 五
下直月 彪字

直徑:24.8mm
重量:3.6g

516 十
下直月

直徑:24.6mm
重量:3.6g

517 十
下直月

直徑:24.8mm
重量:3.5g

518 十
下直月

直徑:23.5mm
重量:3.7g

開元星月集・單月

519
下月 左向立月 特大樣

直徑:27.0mm
重量:4.1g

520
下月 左向立月

直徑:25.5mm
重量:4.2g

521
下月 左向立月

直徑:25.5mm
重量:3.6g

522
下月 左向立月 大字

直徑:25.4mm
重量:4.5g

523
下月 左向立月

直徑:25.3mm
重量:4.4g

524
下月 左向立月

直徑:25.3mm
重量:4.3g

525
下月 左向立月

直徑:25.3mm
重量:3.8g

526
下月 左向立月

直徑:25.0mm
重量:3.5g

開元星月集・單月

527 四

下月 左向立月

直徑:24.9mm
重量:3.7g

528 四

下月 右向立月

直徑:25.7mm
重量:4.8g

529 四

下月 右向立月

直徑:25.5mm
重量:4.5g

530 五

下月 右向立月 工通

直徑:25.4mm
重量:3.8g

531 三

下月 右向立月 厚重

直徑:25.3mm
重量:5.2g

532 五

下月 右向立月

直徑:25.3mm
重量:4.7g

533 五

下月 右向立月

直徑:25.2mm
重量:4.3g

534 四

下月 右向立月

直徑:25.1mm
重量:4.3g

開元星月集・單月

535 五
下月
右向立月

直徑:25.1mm
重量:4.3g

536 四
下月
右向立月

直徑:25.1mm
重量:4.3g

537 四
下月
右向立月
退元

直徑:25.1mm
重量:4.1g

538 三
下月
右向立月
遒勁

直徑:25.1mm
重量:4.0g

539 五
下月
右向立月

直徑:25.1mm
重量:3.8g

540 四
下月
右向立月

直徑:25.0mm
重量:3.8g

541 四
下月
右向立月
俯元

直徑:25.0mm
重量:3.7g

542 三
下月
右向立月
異書

直徑:24.0mm
重量:3.4g

開元星月集·單月

編號	543	544	545	546	547	548
星月	下月	下接郭月	左月	左月 厚重	左月	左月
品相	十	九	九	五	九	九
圖						
直徑	直徑:25.3mm	直徑:25.1mm	直徑:25.8mm	直徑:25.4mm	直徑:25.3mm	直徑:25.0mm
重量	重量:3.6g	重量:4.0g	重量:3.9g	重量:4.9g	重量:4.3g	重量:4.5g

開元星月集·單月

549 七
左月 斷舟 遒勁

直徑:25.0mm
重量:4.3g

550 九
左月

直徑:25.0mm
重量:4.2g

551 九
左月

直徑:25.0mm
重量:4.0g

552 九
左月

直徑:25.0mm
重量:3.7g

553 七
左月 斷舟

直徑:25.0mm
重量:3.7g

554 九
左月

直徑:24.9mm
重量:5.2g

555 九
左月

直徑:24.9mm
重量:4.0g

556 九
左月

直徑:24.8mm
重量:4.2g

開元星月集・單月

557 九
左月

直徑:24.8mm
重量:4.2g

558 九
左月

直徑:24.8mm
重量:3.9g

559 九
左月
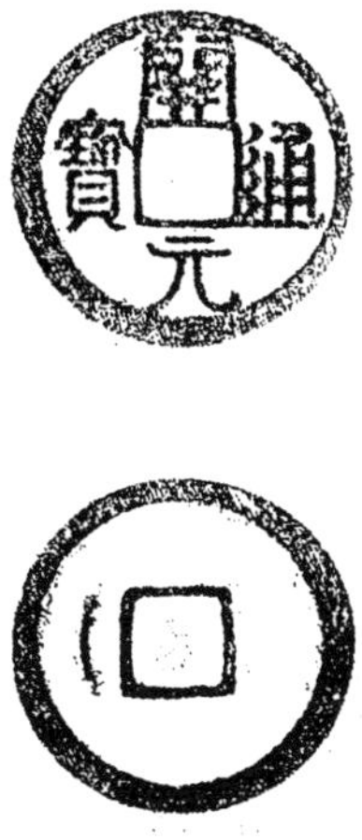
直徑:24.7mm
重量:3.9g

560 五
左月 容弱

直徑:24.8mm
重量:3.4g

561 九
左月 小型
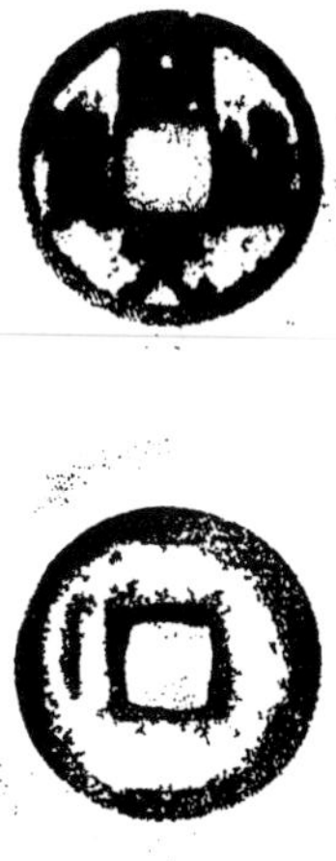
直徑:21.8mm
重量:2.0g

562 五
左月

直徑:25.3mm
重量:4.1g

563 九
左月

直徑:25.4mm
重量:4.0g

564 五
左月 不挑元

直徑:25.9mm
重量:4.1g

開元星月集・單月

編號	品	説明	圖	直徑	重量
565	九	左甲文 大足元		25.2mm	4.1g
566	八	左甲文 寄郭		24.5mm	3.2g
567	九	左甲文		25.6mm	4.6g
568	八	左甲文 小元		25.5mm	4.6g
569	七	左甲文 斷舟		25.4mm	4.5g
570	八	左甲文 緩挑元		25.3mm	4.2g
571	九	左甲文		25.1mm	4.2g
572	九	左甲文	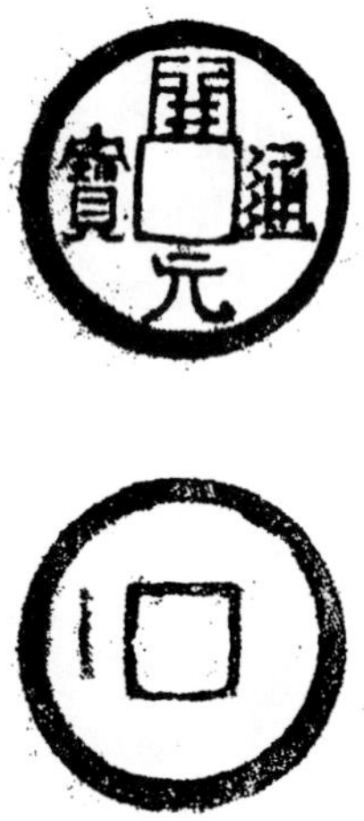	25.0mm	4.4g

開元星月集・單月

573 左甲文 九

直徑:25.0mm
重量:4.3g

574 左甲文 異足寶 九

直徑:25.0mm
重量:4.0g

575 左甲文 九

直徑:24.9mm
重量:4.5g

576 左甲文 斷舟 小冠寶 七

直徑:24.9mm
重量:4.4g

577 左甲文 九

直徑:24.9mm
重量:4.3g

578 左甲文 九

直徑:24.9mm
重量:3.6g

579 左甲文 九

直徑:24.9mm
重量:3.6g

580 左甲文 九

直徑:24.9mm
重量:3.3g

開元星月集・單月

581	582	583	
八	九	十	
左斷月	左甲文	左甲文	

直徑:24.7mm 重量:3.4g	直徑:24.8mm 重量:3.3g	直徑:23.7mm 重量:3.2g	

584	585	586	587
三	三	五	四
右月大字	右長月	右月	右月

直徑:25.4mm 重量:4.2g	直徑:25.3mm 重量:4.7g	直徑:25.2mm 重量:4.3g	直徑:25.0mm 重量:4.1g

開元星月集·單月

588 四

右月

直徑:24.7mm
重量:4.1g

589 四

右月

直徑:23.0mm
重量:2.8g

590 四

右月 小型

直徑:22.7mm
重量:3.1g

591 四

右月 小型

直徑:22.5mm
重量:3.3g

592 五

右甲文

直徑:23.6mm
重量:3.3g

593 五

右甲文

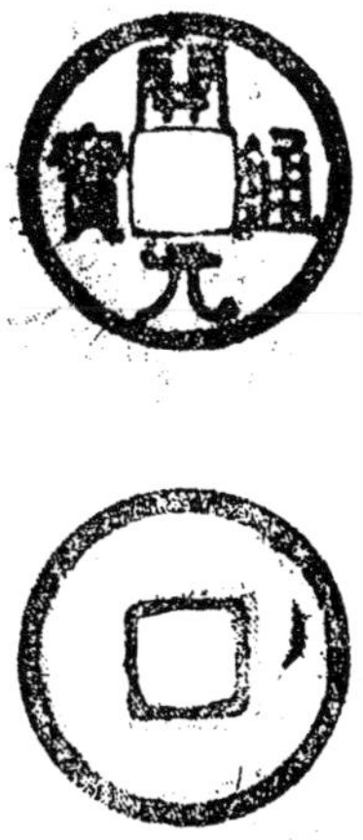

直徑:23.4mm
重量:2.7g

594 五

右甲文

直徑:23.1mm
重量:3.0g

595 五

右甲文 白銅 小型

直徑:22.8mm
重量:3.4g

開元星月集・單月

編號	品名	級	直徑	重量
596	右月	五	24.9mm	4.3g
597	右雙甲文	五	24.1mm	3.7g
598	左上月	三	24.8mm	3.4g
599	左上月	三	24.7mm	3.3g
600	左上月 肥郭	三	24.5mm	4.0g

596 右月 五

直徑:24.9mm
重量:4.3g

597 右雙甲文 五

直徑:24.1mm
重量:3.7g

598 左上月 三

直徑:24.8mm
重量:3.4g

599 左上月 三

直徑:24.7mm
重量:3.3g

600 左上月 肥郭 三

直徑:24.5mm
重量:4.0g

開元星月集·單月

601 五
左下月
容弱
大樣

直徑:26.2mm
重量:3.9g

602 七
左下月

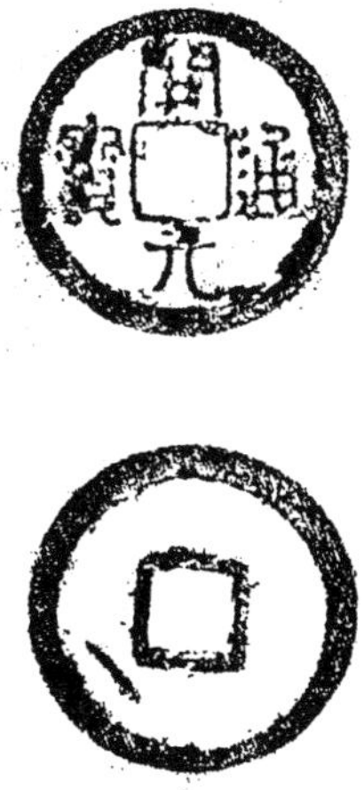

直徑:25.7mm
重量:4.6g

603 七
左下月

直徑:25.4mm
重量:4.3g

604 七
左下月

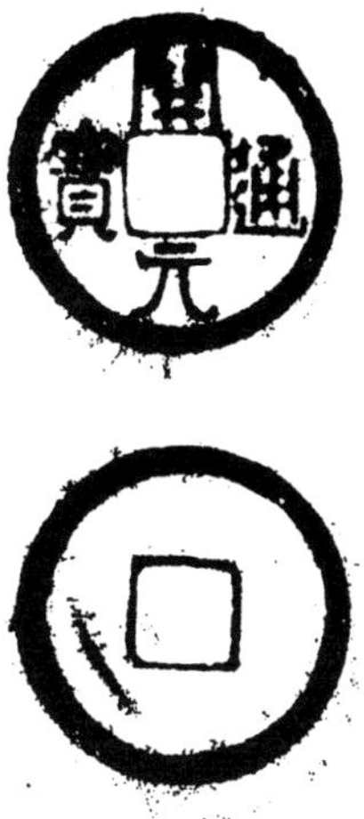

直徑:25.4mm
重量:4.0g

605 七
左下月

直徑:25.1mm
重量:4.3g

606 七
左下月

直徑:25.0mm
重量:4.3g

607 七
左下月

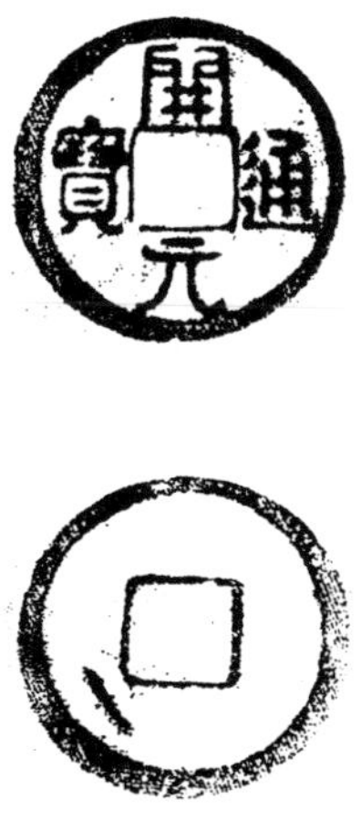

直徑:24.2mm
重量:2.8g

608 八
左下月

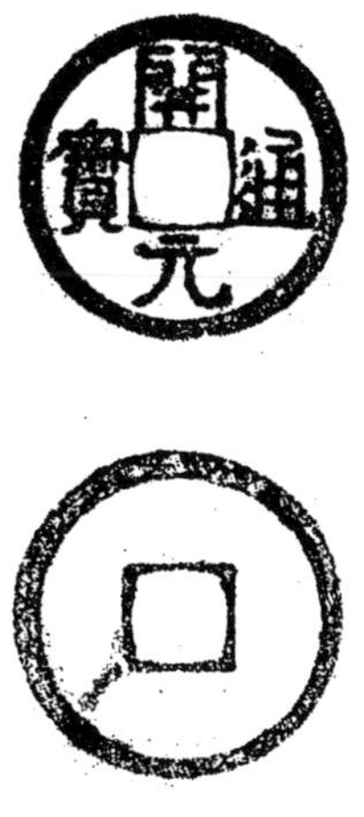

直徑:24.8mm
重量:3.6g

開元星月集・單月

609	七
右上月 細字	

直徑:25.3mm
重量:4.7g

610	七
右上月	

直徑:25.3mm
重量:4.4g

611	四
右上月 大字	

直徑:25.1mm
重量:4.5g

612	七
右上月	

直徑:25.0mm
重量:4.5g

613	七
右上月	

直徑:25.0mm
重量:4.3g

614	七
右上月	

直徑:25.0mm
重量:4.0g

615	八
右上月	

直徑:24.9mm
重量:4.4g

616	七
右上月	

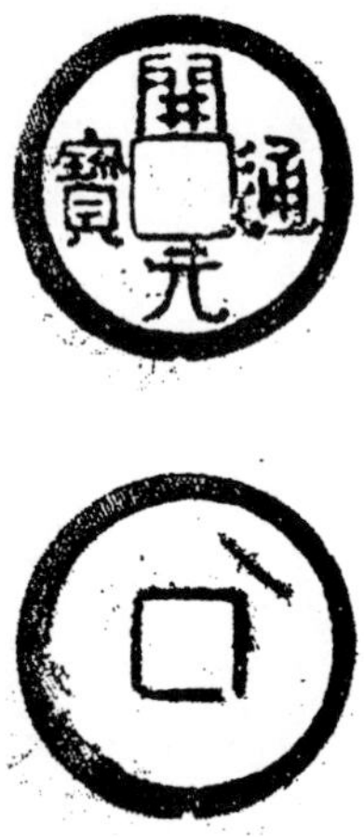

直徑:24.9mm
重量:4.0g

開元星月集・單月

617 七
右上月 小字

直徑:24.9mm
重量:3.8g

618 七
右上月

直徑:24.8mm
重量:4.1g

619 七
右上月

直徑:24.7mm
重量:4.3g

620 七
右上月

直徑:24.6mm
重量:4.0g

621 七
右上月

直徑:24.7mm
重量:3.0g

622 四
右上月 大字

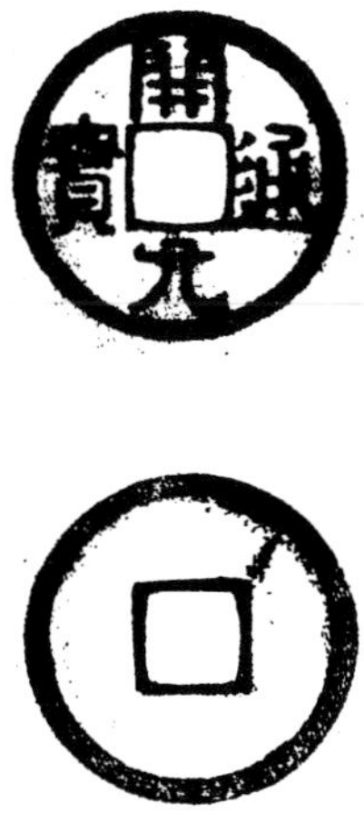

直徑:24.6mm
重量:4.0g

開元星月集・單月

623	三	右下月		直徑:25.1mm	重量:3.7g
624	三	右下月	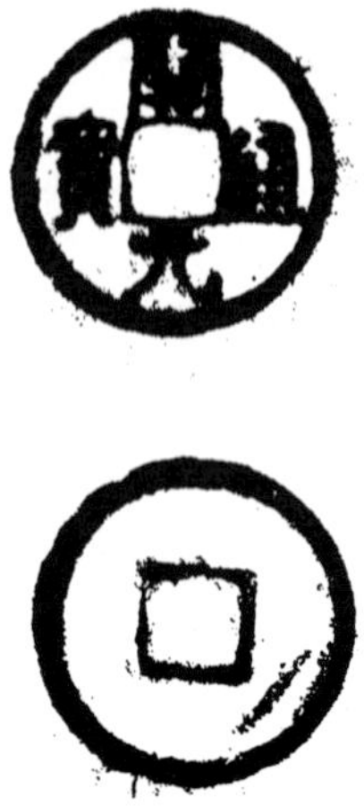	直徑:24.7mm	重量:4.0g
625	三	右下月		直徑:23.1mm	重量:3.1g
626	五	右下月		直徑:24.8mm	重量:3.7g
627	五	右下月		直徑:24.5mm	重量:3.5g

六、複月類

628 開右月 元左月 八

直徑:23.6mm
重量:2.8g

629 上複月 大樣 二

直徑:26.8mm
重量:4.2g

630 上複月 七

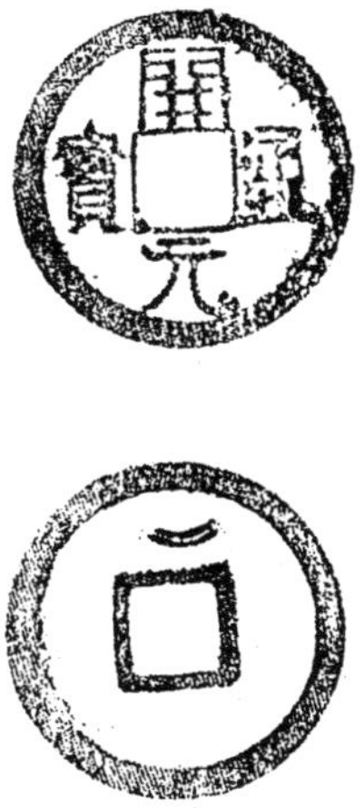

直徑:25.3mm
重量:4.6g

631 上複月 三

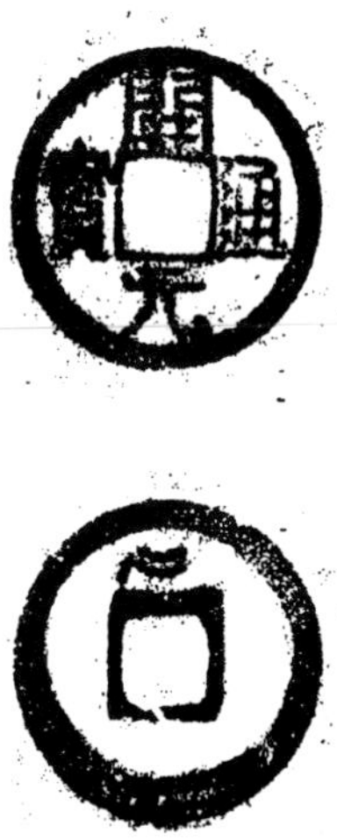

直徑:24.7mm
重量:3.8g

632 上複月 七

直徑:25.1mm
重量:4.0g

633 上複月 開剎字 珍

直徑:25.4mm
重量:4.6g

634 上複月 七

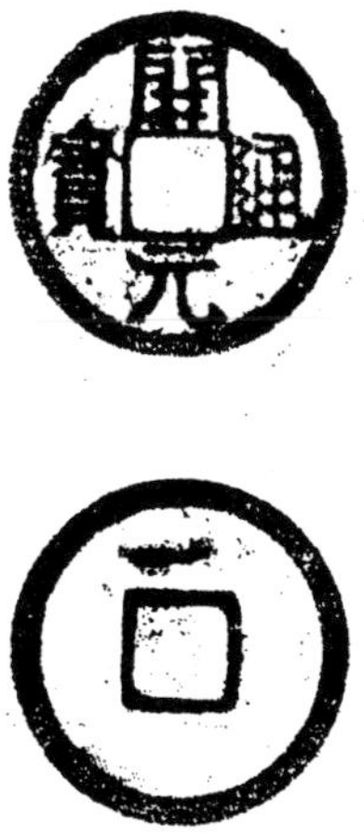

直徑:24.9mm
重量:3.3g

開元星月集・複月

635 上複月 稀

直徑:25.4mm
重量:4.3g

636 上複月 三

直徑:24.0mm
重量:3.1g

637 下複月 一

直徑:25.7mm
重量:4.2g

638 下複月 三

直徑:23.6mm
重量:2.4g

639 下複月 五

直徑:24.4mm
重量:3.5g

640 上下雙月 三

直徑:25.8mm
重量:4.7g

641 上下雙月 三

直徑:25.5mm
重量:3.5g

642 上下雙月 五

直徑:25.3mm
重量:4.2g

開元星月集·複月

643 十 上下雙月

直徑:25.0mm
重量:4.5g

644 十 上下雙月

直徑:25.0mm
重量:3.0g

645 十 上下雙月

直徑:24.8mm
重量:3.9g

646 十 上下雙月

直徑:24.8mm
重量:3.8g

647 十 上下雙月

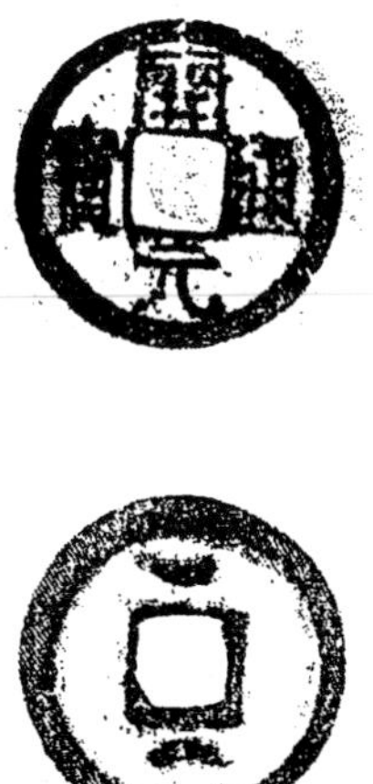

直徑:24.7mm
重量:4.0g

648 十 上下雙月

直徑:24.6mm
重量:4.3g

649 十 上下雙月

直徑:24.5mm
重量:3.6g

650 十 上下雙月

直徑:24.5mm
重量:4.5g

開元星月集・複月

651	十
上下雙月	

直徑:24.4mm
重量:4.0g

652	五
上下雙月 小字	

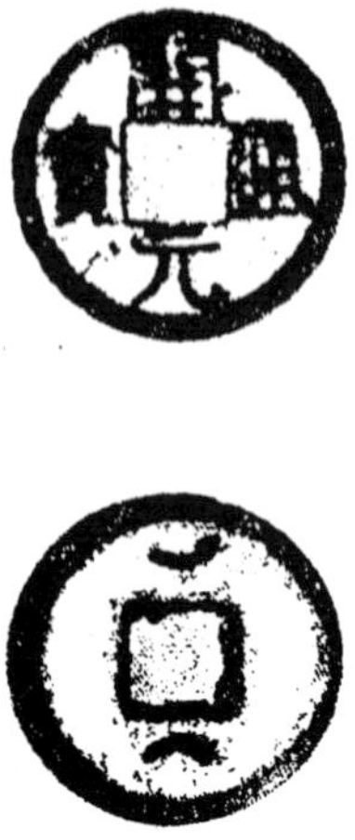

直徑:24.3mm
重量:3.3g

653	七
上下雙月	

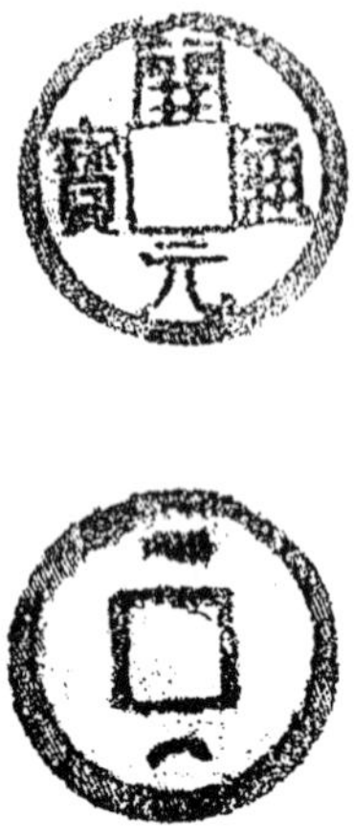

直徑:24.3mm
重量:4.6g

654	十
上下雙月	

直徑:24.3mm
重量:4.3g

655	五
上月 左下甲文	

直徑:24.3mm
重量:3.9g

656	五
上下雙月 錢體扁形	

直徑:24.2mm
重量:3.3g

657	十
上下雙月	

直徑:24.2mm
重量:3.4g

658	十
上下雙月	

直徑:24.2mm
重量:4.2g

開元星月集・複月

659 十 上下雙月

直徑:24.2mm
重量:4.4g

660 十 上下雙月

直徑:24.2mm
重量:3.8g

661 十 上下雙月

直徑:24.2mm
重量:3.9g

662 十 上下雙月

直徑:24.2mm
重量:3.2g

663 十 上下雙月

直徑:24.2mm
重量:3.6g

664 五 上下雙月

直徑:24.1mm
重量:4.0g

665 四 上下雙月

直徑:24.0mm
重量:3.9g

666 一 上㔾 下月

直徑:24.0mm
重量:3.8g

開元星月集・複月

667 二
上雲 下月

直徑:24.0mm
重量:4.0g

668 十
上下雙月

直徑:23.9mm
重量:4.4g

669 十
上下雙月

直徑:23.8mm
重量:4.4g

670 十
上下雙月

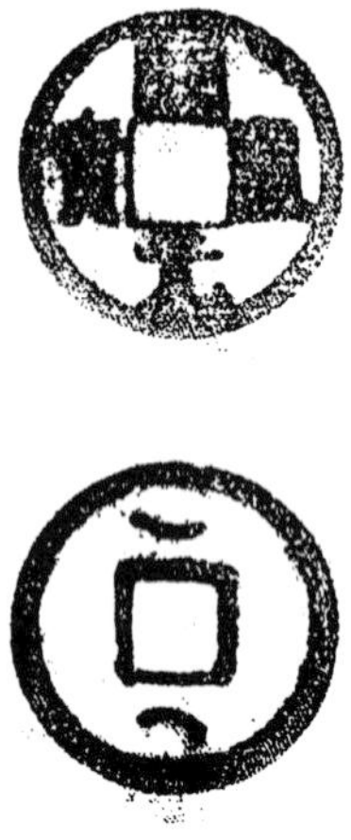

直徑:23.8mm
重量:4.4g

671 十
上下雙月

直徑:23.8mm
重量:4.2g

672 十
上下雙月

直徑:23.8mm
重量:3.7g

673 十
上下雙月

直徑:23.8mm
重量:3.6g

674 十
上下雙月

直徑:23.8mm
重量:3.5g

開元星月集・複月

675	十	上下雙月		直徑:23.8mm	重量:3.3g
676	十	上下雙月		直徑:23.8mm	重量:3.2g
677	十	上下雙月	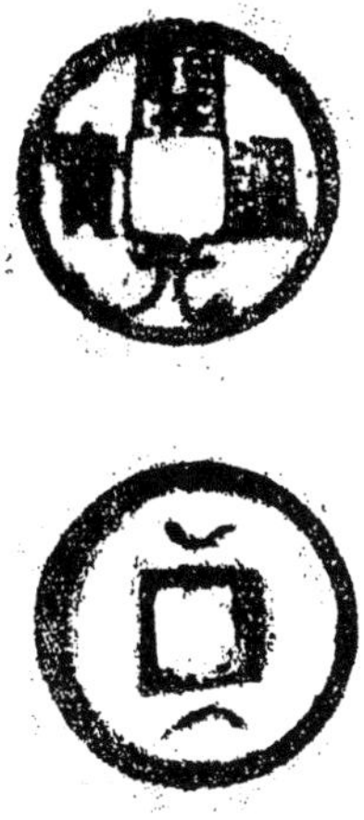	直徑:23.7mm	重量:4.4g
678	九	上下雙月 大月		直徑:23.7mm	重量:3.9g
679	十	上下雙月		直徑:23.7mm	重量:3.7g
680	十	上下雙月		直徑:23.7mm	重量:3.3g
681	七	上下雙月 左下甲文	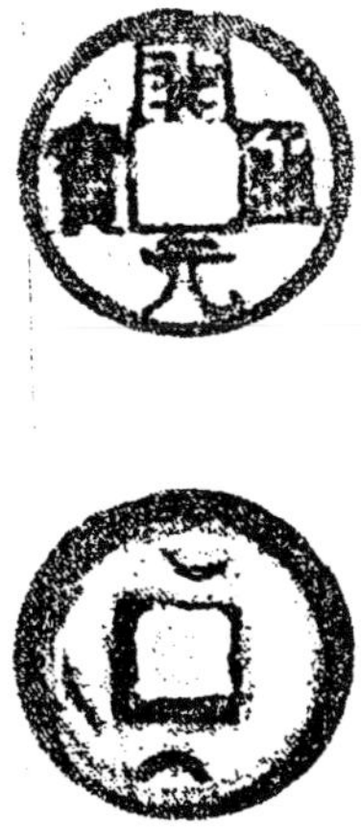	直徑:23.7mm	重量:3.2g
682	十	上下雙月		直徑:23.7mm	重量:3.1g

開元星月集・複月

683 上下雙月 十

直徑:23.6mm
重量:4.2g

684 上下雙月 十

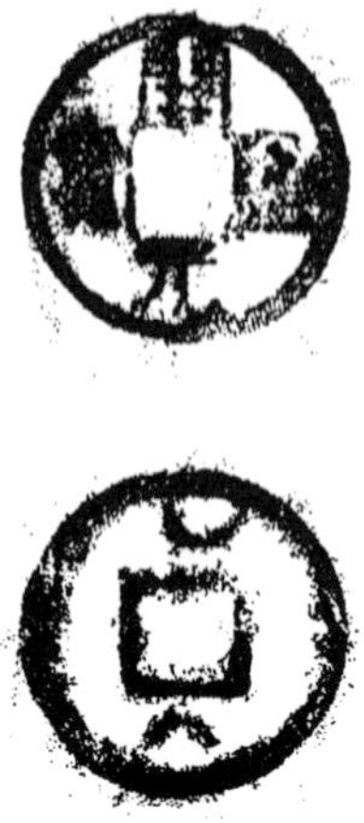

直徑:23.6mm
重量:3.1g

685 上下雙月 十

直徑:23.6mm
重量:3.0g

686 上下雙月 十

直徑:23.5mm
重量:4.2g

687 上下雙月 八

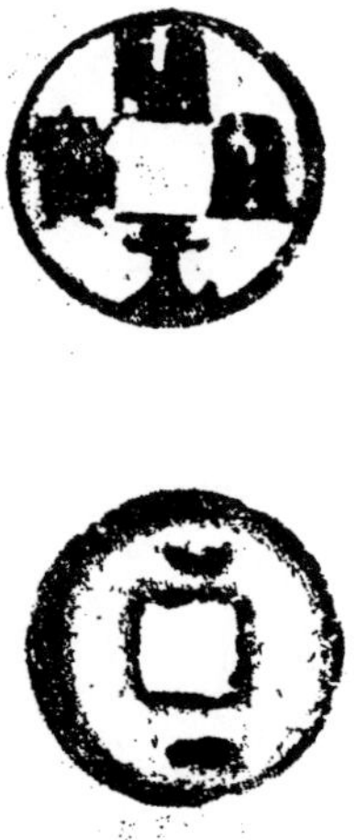

直徑:23.4mm
重量:3.5g

688 上下雙月 八

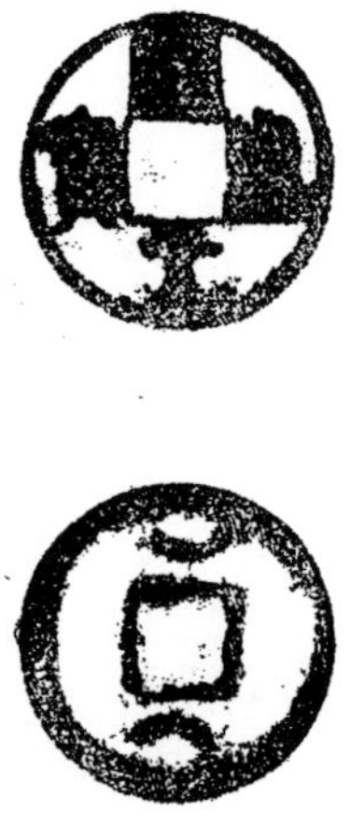

直徑:23.2mm
重量:3.6g

689 上下雙月 十

直徑:23.2mm
重量:3.6g

690 上下雙月 八

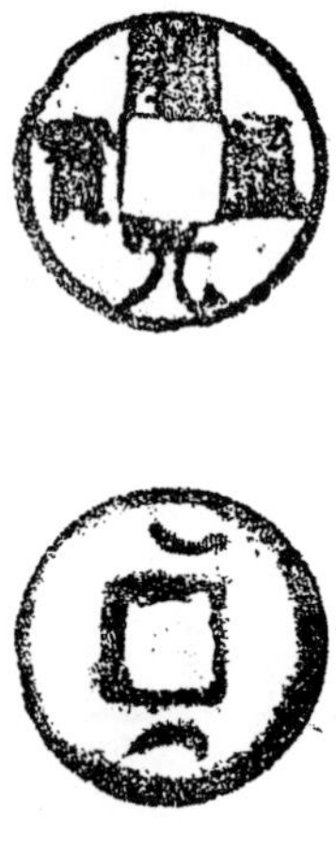

直徑:23.0mm
重量:3.4g

開元星月集·複月

691 十
上下雙月

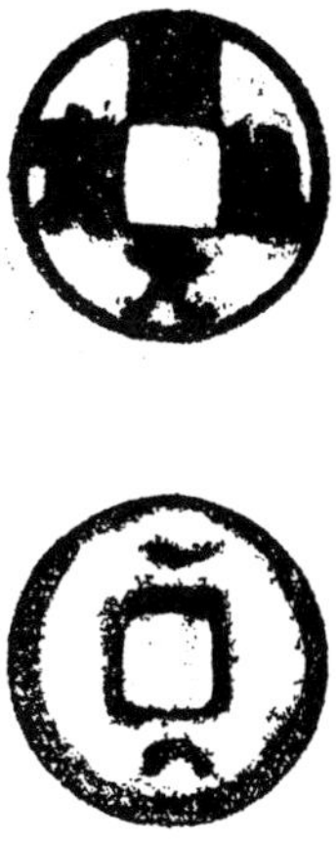

直徑:22.9mm
重量:3.2g

692 七
上下雙月

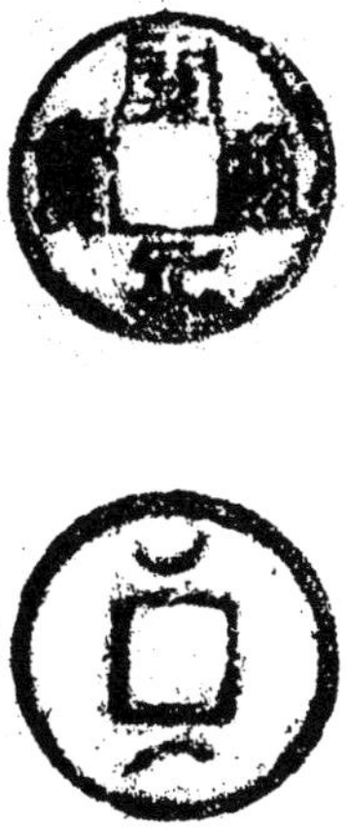

直徑:22.9mm
重量:2.7g

693 七
上下雙月 通下月 右上甲文

直徑:23.4mm
重量:4.1g

694 三
左右雙月

直徑:23.9mm
重量:3.9g

695 七
左右雙月

直徑:23.8mm
重量:3.9g

696 八
左右雙月 小型

直徑:22.5mm
重量:3.1g

697 七
左右雙月 小型

直徑:22.0mm
重量:3.2g

開元星月集・複月

698	三
上左雙月	

直徑:25.2mm
重量:3.8g

699	五
上左雙月	

直徑:24.8mm
重量:4.1g

700	五
上左雙月	

直徑:24.6mm
重量:3.3g

701	六
上左雙月	

直徑:25.2mm
重量:4.2g

702	六
上月 左甲文	

直徑:23.6mm
重量:3.0g

703	三
上月 左下月	

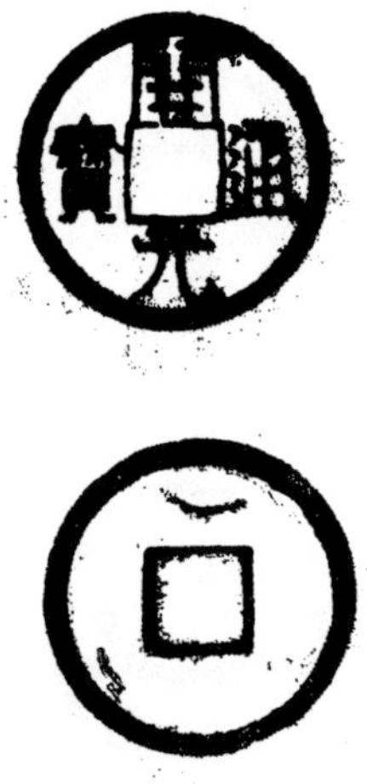

直徑:24.9mm
重量:3.6g

704	七
上月 左下月	

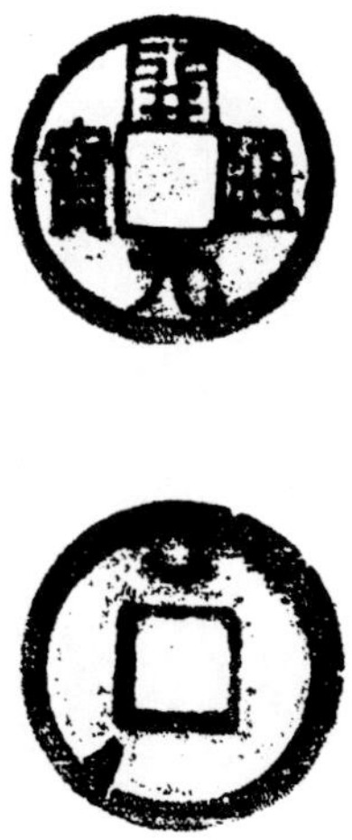

直徑:24.5mm
重量:3.2g

開元星月集·複月

705	706	707
三	四	四
上右雙月	上右雙月	上右雙月

直徑:25.5mm 重量:5.0g	直徑:25.0mm 重量:3.6g	直徑:25.3mm 重量:4.6g

708	709	710
七	七	七
左上左下雙月	右上月下立月	下雙月闊緣
		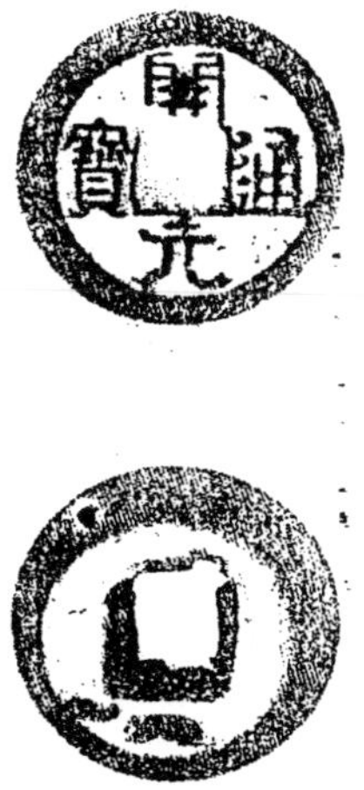
直徑:24.7mm 重量:3.1g	直徑:25.2mm 重量:4.5g	直徑:24.9mm 重量:3.9g

開元星月集・複月

編號	品級	說明	拓圖	尺寸
711	七	上左右三月	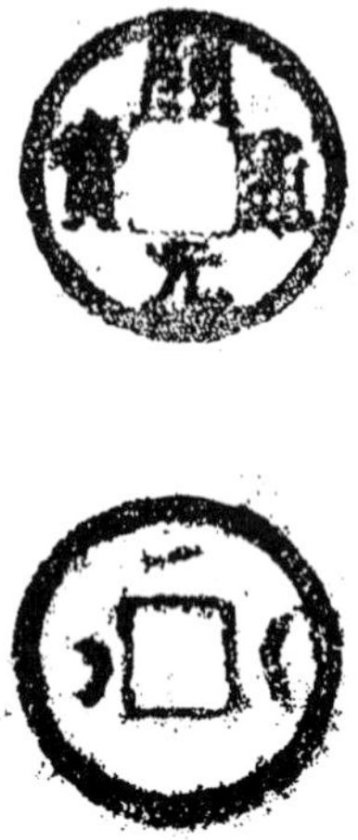	直徑:24.3mm 重量:2.9g
712	八	上下左三月	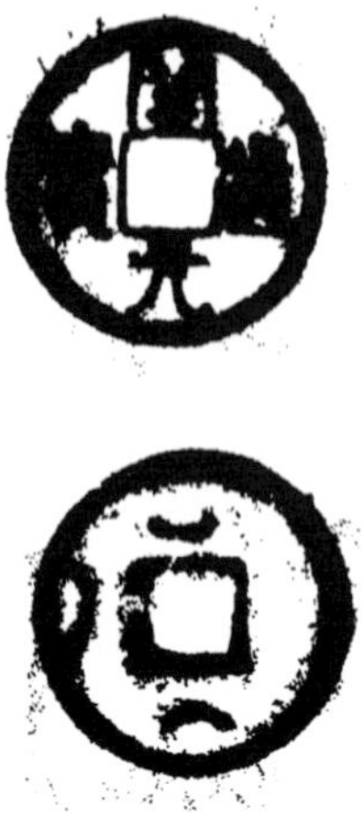	直徑:23.6mm 重量:3.6g
713	八	上下右三月		直徑:24.4mm 重量:3.5g
714	八	上下右三月		直徑:23.9mm 重量:3.3g
715	三	上下月左甲文		直徑:24.4mm 重量:4.7g
716	八	上下月右下甲文		直徑:24.2mm 重量:4.1g
717	八	上下月右下月		直徑:24.4mm 重量:5.2g
718	七	上下右三月		直徑:24.2mm 重量:3.6g

開元星月集・複月

719 五

上月 左雙月

直徑: 24.0mm
重量:3.9g

720 五

上月 下複月

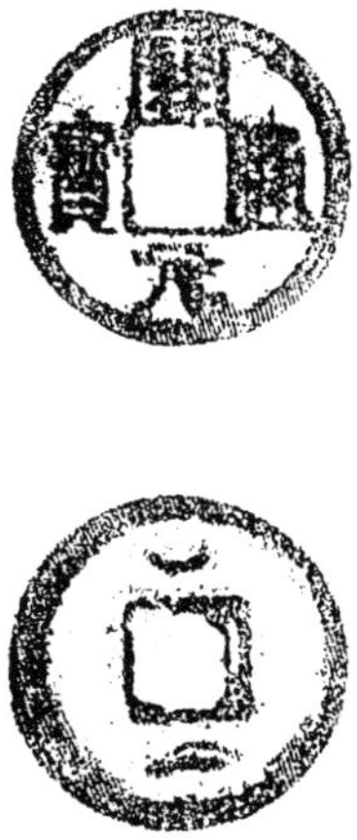

直徑:23.9mm
重量:4.1g

開元星月集・複月

721 二 四月

直徑:24.9mm
重量:3.3g

722 二 四月

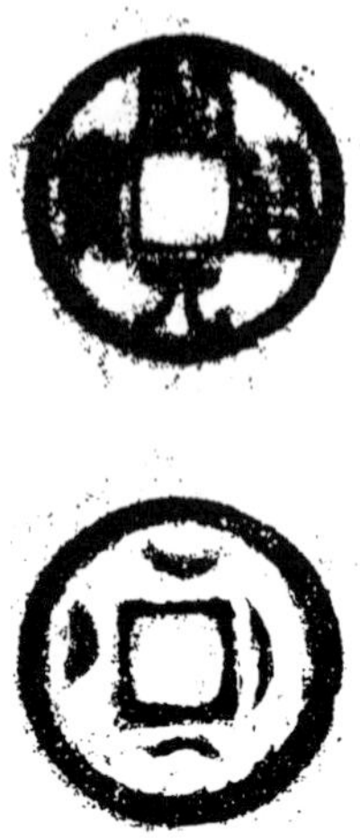

直徑:24.6mm
重量:3.5g

723 二 四月

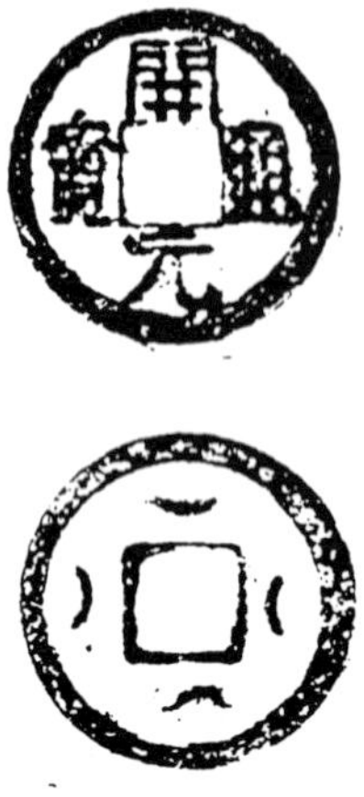

直徑:24.0mm
重量:3.3g

724 二 四月

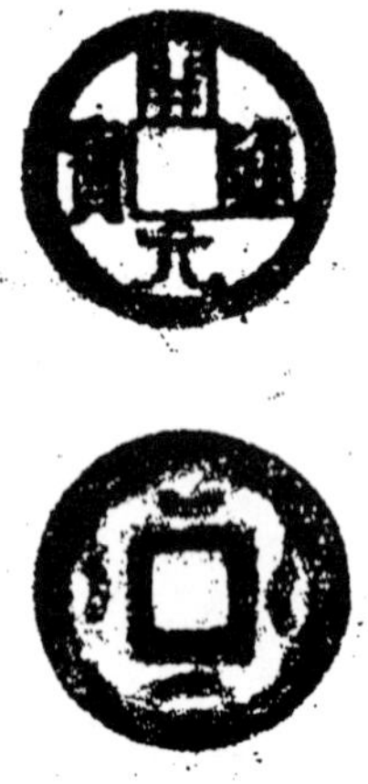

直徑:23.7mm
重量:3.7g

725 二 四月

直徑:23.7mm
重量:2.7g

七、星月類

726 四
左下星 上月 斷門

直徑:24.1mm
重量:3.2g

727 五
元內星 上月

直徑:25.6mm
重量:4.2g

728 五
元內星 上月

直徑:25.5mm
重量:4.1g

729 五
元內星 上月

直徑:24.8mm
重量:3.7g

730 五
元內星 上月

直徑:23.7mm
重量:3.9g

731 三
元內星 上下右 三月

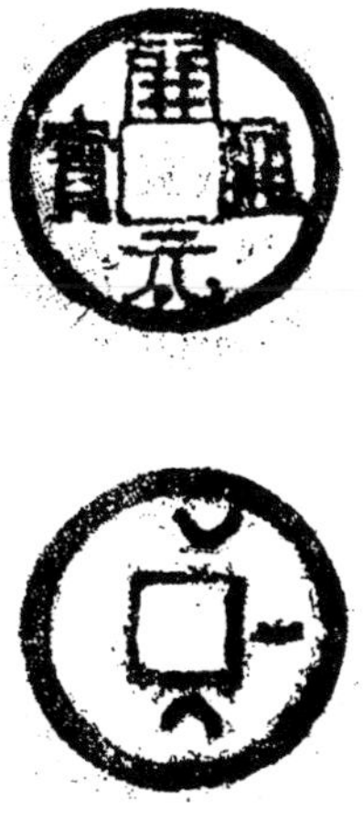

直徑:24.0mm
重量:4.1g

732 五
元上星 下立月

直徑:24.2mm
重量:3.6g

開元星月集・星月

733 五
元足星
上月

直徑:24.3mm
重量:4.4g

734 三
元右星
左上月

直徑:23.8mm
重量:3.6g

735 七
貫元
上月

直徑:24.9mm
重量:3.4g

736 七
通上星
上下雙月

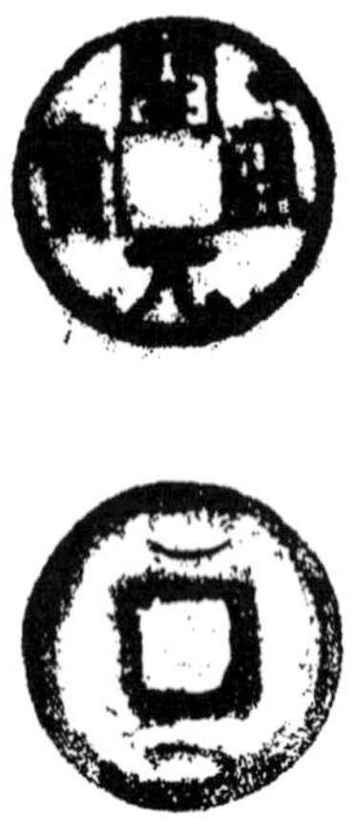

直徑:23.0mm
重量:3.6g

737 四
通下
三角星
上月

直徑:25.3mm
重量:4.6g

738 五
通下輪星
下月

直徑:25.7mm
重量:3.9g

739 五
通下星
上下雙月

直徑:24.1mm
重量:3.7g

740 二
通下星
上下雙月

直徑:23.8mm
重量:3.5g

開元星月集・星月

741 三
寶下星 上月

直徑:24.4mm
重量:4.2g

742 三
寶下星 上月

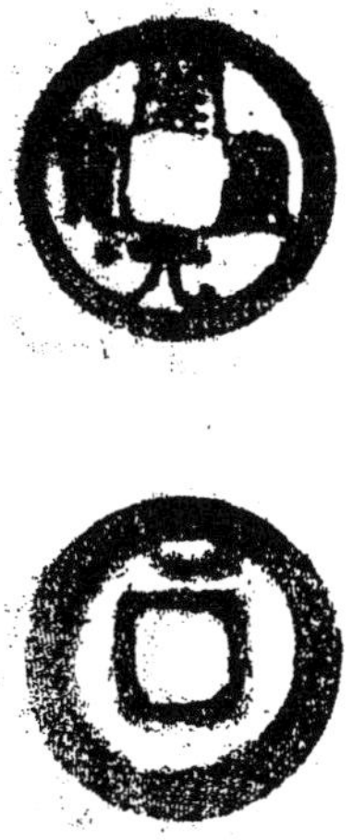

直徑:23.7mm
重量:2.9g

743 三
寶下星 下月

直徑:23.3mm
重量:3.8g

744 三
上月孕星

直徑:25.6mm
重量:4.4g

745 六
上月孕星

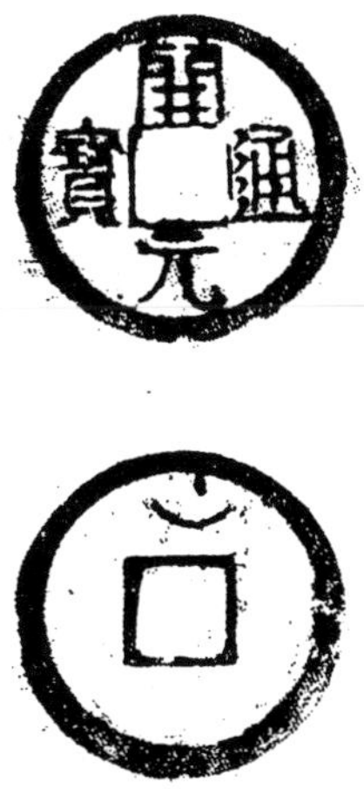

直徑:25.4mm
重量:4.1g

746 六
上月孕星

直徑:25.1mm
重量:3.6g

747 六
上月孕星

直徑:25.0mm
重量:4.1g

748	上月孕星	五

直徑:25.0mm
重量:3.3g

749	上月孕星	六

直徑:24.5mm
重量:3.5g

750	上月孕星	五

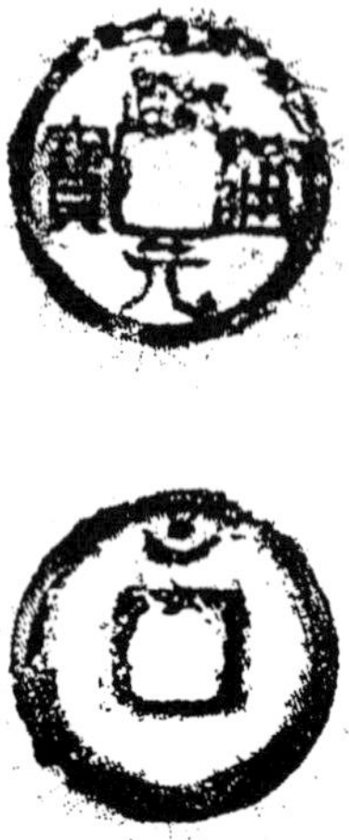

直徑:24.4mm
重量:3.8g

751	上月孕星	五

直徑:24.2mm
重量:3.8g

752	上月孕星	五

直徑:24.0mm
重量:3.7g

753	上月孕星	五

直徑:24.0mm
重量:3.7g

754	上月孕星	五

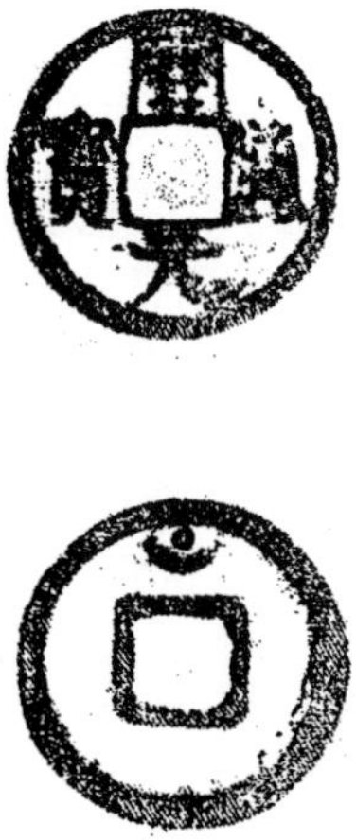

直徑:24.0mm
重量:3.3g

755	上月孕星	五

直徑:23.9mm
重量:3.5g

開元星月集・星月

756	五
上月孕星	

直徑: 23.8mm
重量:3.0g

757	五
上月孕星	

直徑:23.7mm
重量:2.9g

758	五
上月孕星	

直徑:23.7mm
重量:2.9g

759	五
上月孕星	

直徑:23.5mm
重量:3.1g

760	五
上月孕星	

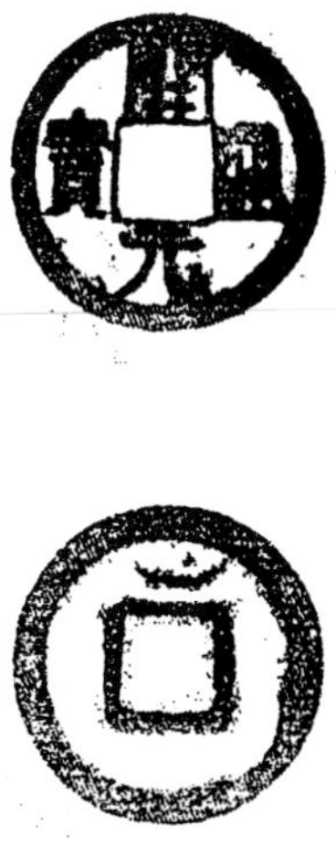

直徑:23.5mm
重量:2.5g

開元星月集・星月

761	上月 上接郭星	六		直徑:25.1mm	重量:4.0g
762	上月 上星	六		直徑:24.6mm	重量:3.2g
763	上月 上接郭星	六		直徑:24.5mm	重量:3.7g
764	上月 上接郭星	六		直徑:24.2mm	重量:3.0g
765	寶下星 上月 左上星	二		直徑:24.9mm	重量:3.6g
766	上月 上星	三		直徑:24.6mm	重量:3.3g
767	上月 上星	三		直徑:24.3mm	重量:3.9g

開元星月集・星月

768
七
上俯月 上星

直徑:25.5mm
重量:3.9g

769
五
上星下月

直徑:24.4mm
重量:4.3g

770
一
上月孕星 下星
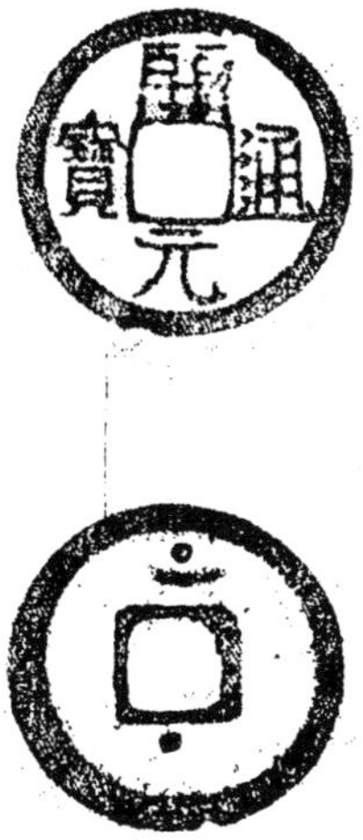
直徑:24.7mm
重量:4.2g

771
三
上星 左上星 下月
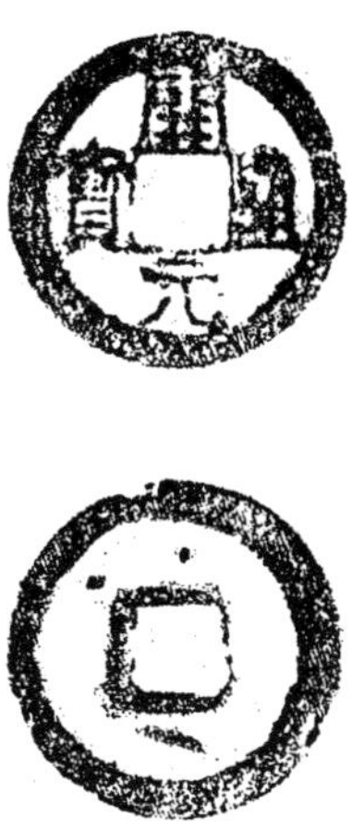
直徑:24.8mm
重量:4.4g

772
五
上月下星

直徑:25.3mm
重量:4.7g

773
二
上月下星

直徑:24.9mm
重量:4.1g

774
三
上月下星

直徑:24.4mm
重量:3.6g

775
五
上月下星

直徑:24.7mm
重量:4.0g

開元星月集・星月

776	七	左上月 下星		直徑:24.5mm	重量:4.1g
777	七	上月 下接郭星		直徑:24.5mm	重量:3.3g
778	七	上俯月 下星		直徑:24.7mm	重量:3.3g
779	七	下月 下小星		直徑:24.5mm	重量:3.6g
780	三	下月 右下星		直徑:24.0mm	重量:3.3g
781	一	下月孕星 彪字		直徑:25.6mm	重量:4.7g

開元星月集・星月

782 三
下月 下星

直徑:25.5mm
重量:4.1g

783 三
下月孕星 大字

直徑:25.0mm
重量:4.0g

784 三
左月 下星

直徑:25.3mm
重量:4.4g

785 三
右月 下接郭星 小形

直徑:22.8mm
重量:3.2g

786 五
下月 下小星

直徑:23.9mm
重量:2.5g

787 五
下月 下小星

直徑:23.7mm
重量:3.3g

788 五

上甲文 左星

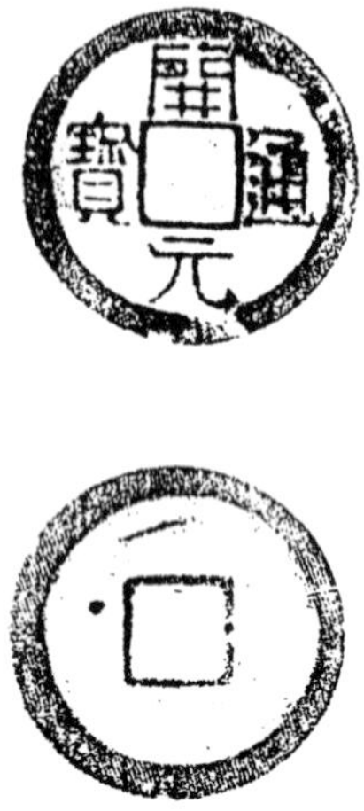

直徑:25.6mm
重量:4.4g

789 五

上月 左星

直徑:25.0mm
重量:4.3g

790 五

上月 左星

直徑:24.9mm
重量:3.9g

791 五

上月 左星

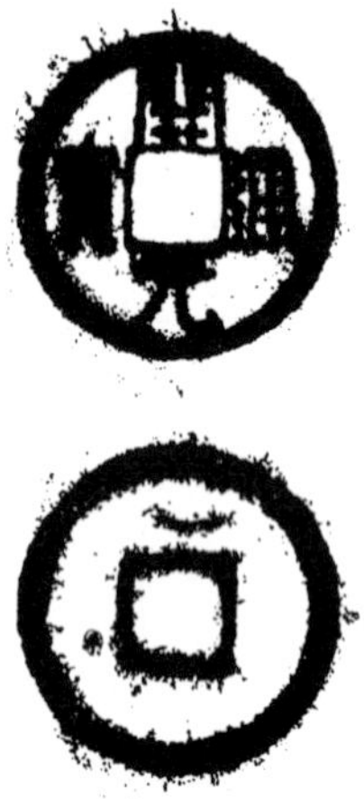

直徑:24.4mm
重量:3.3g

792 一

通下月 上月 左星

直徑:24.2mm
重量:3.4g

793 六

上月 左星

直徑:23.6mm
重量:3.2g

開元星月集·星月

編號	說明	圖	直徑	重量
794	下月 左星 闊緣	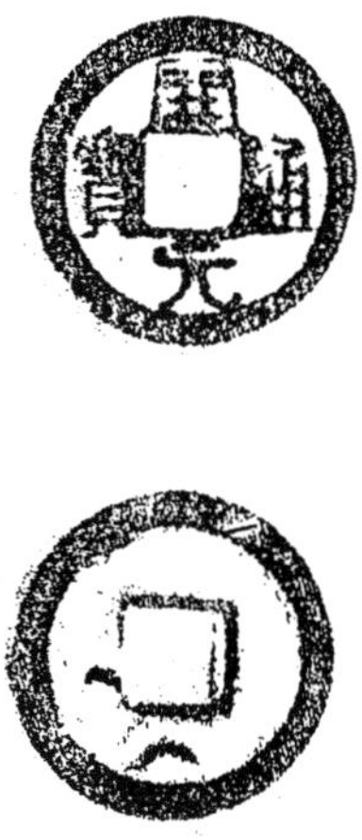	直徑:23.9mm	重量:4.0g
795	上月 左雙星 闊緣		直徑:25.3mm	重量:4.3g
796	上月 左雙星 下甲文		直徑:25.2mm	重量:4.8g
797	上月 右星 異寶		直徑:24.8mm	重量:4.1g
798	上月 右星		直徑:24.6mm	重量:4.0g
799	上月 右星		直徑:24.0mm	重量:3.1g
800	上月 右接郭星		直徑:24.0mm	重量:2.8g

開元星月集・星月

801	三	下月 右星		直徑:25.4mm	重量:3.9g
802	三	下月 右星		直徑:23.6mm	重量:3.9g
803	三	右上月 右星		直徑:23.2mm	重量:2.5g
804	五	上月 左上星		直徑:25.5mm	重量:3.8g
805	三	上月 左上小星		直徑:24.8mm	重量:4.0g
806	三	上月 左上小星 闊緣	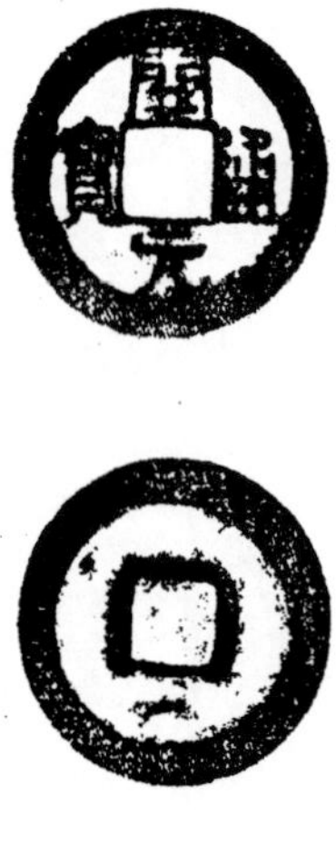	直徑:24.0mm	重量:3.9g
807	六	下甲文 左上星		直徑:25.1mm	重量:4.1g

開元星月集・星月

808 五

上月 左下星 安南錢

直徑:24.5mm
重量:3.6g

809 五

上月 左下星

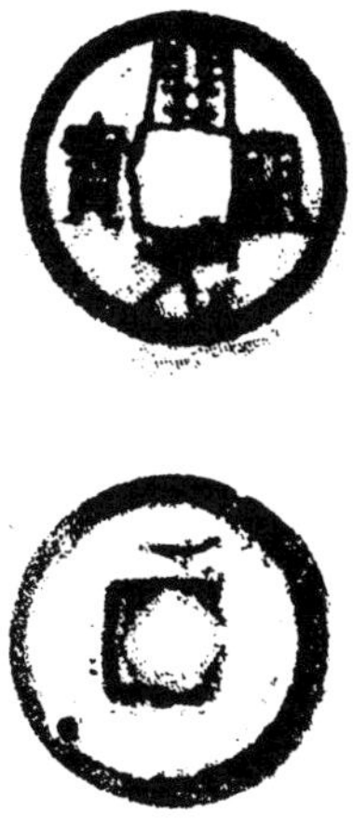

直徑:24.0mm
重量:4.3g

810 二

上月 右上星

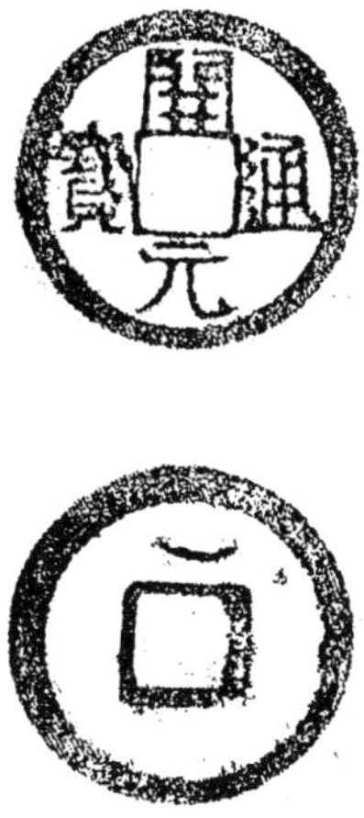

直徑:25.2mm
重量:4.1g

811 二

上月 右上星

直徑:24.3mm
重量:4.3g

812 三

寶上甲文 上月 右上星

直徑:25.0mm
重量:3.7g

813 五

左下月 右上星

直徑:25.3mm
重量:4.3g

814 一

右上星月

直徑:25.1mm
重量:3.9g

815 五

上月 背多星

直徑:25.4mm
重量:3.7g

開元星月集．星月

816	上月 下月孕星	五		直徑:23.9mm	重量:3.5g
817	上月 下月星	四		直徑:23.4mm	重量:3.6g
818	上月 下月孕星 左移范	一	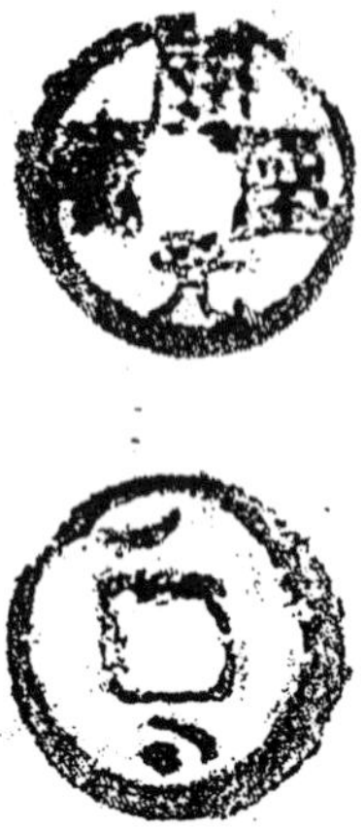	直徑:24.1mm	重量:4.1g
819	上月 下月孕星 左移范	三		直徑:24.1mm	重量:3.8g
820	上下雙月 左星	稀		直徑:23.9mm	重量:4.3g
821	上下雙月 右星	稀		直徑:22.9mm	重量:2.6g
822	左右雙月 上星	稀		直徑:24.0mm	重量:3.6g

八、移范類

823 右上移范 九

直徑:23.8mm
重量:3.8g

824 左上移范 九

直徑:23.8mm
重量:3.2g

825 上移范 九

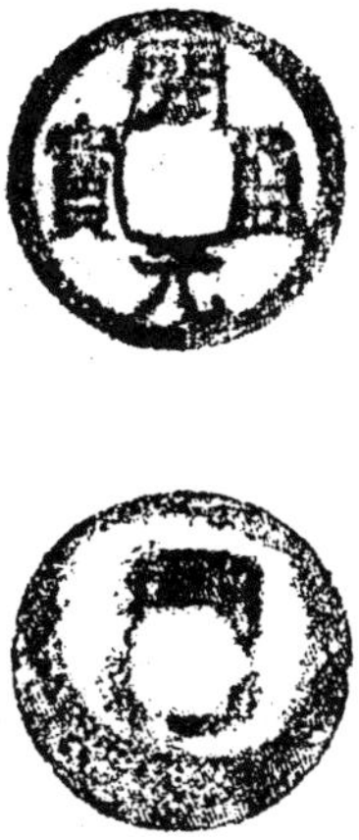

直徑:23.8mm
重量:2.7g

826 右上移范 仰元 四

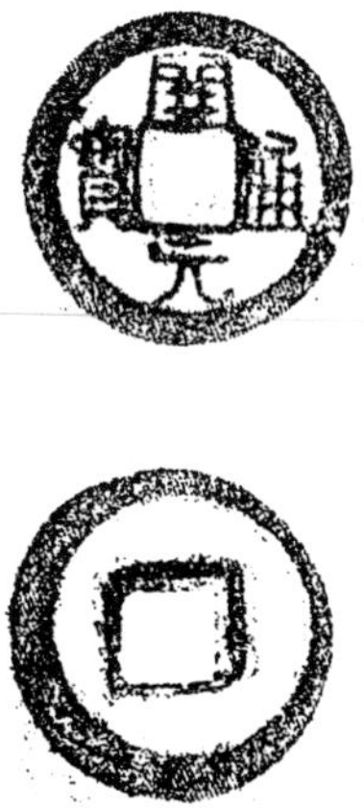

直徑:23.4mm
重量:3.5g

827 左上移范 右挑元 六

直徑:23.2mm
重量:3.1g

828 上移范 上月 九

直徑:25.2mm
重量:3.7g

829 上移范 上月 九

直徑:23.2mm
重量:4.1g

開元星月集·移范

830 九
上移范
下月

直徑:23.5mm
重量:3.3g

831 九
下移范

直徑:24.3mm
重量:3.3g

832 九
上重輪

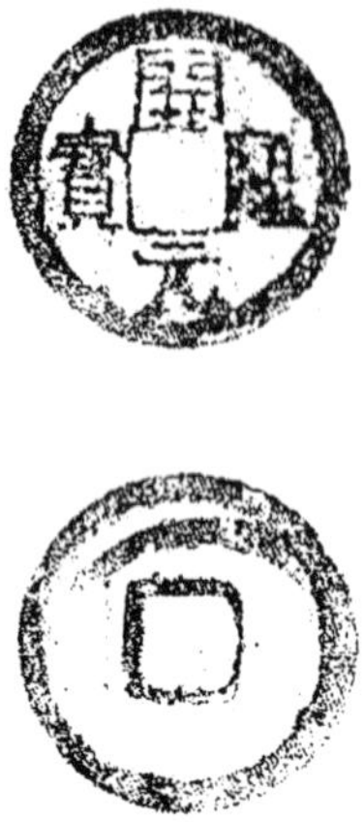

直徑:24.1mm
重量:2.7g

833 五
下移范
寶下星

直徑:23.9mm
重量:3.0g

834 九
下移范
小型

直徑:22.3mm
重量:3.4g

835 九
下移范
上月

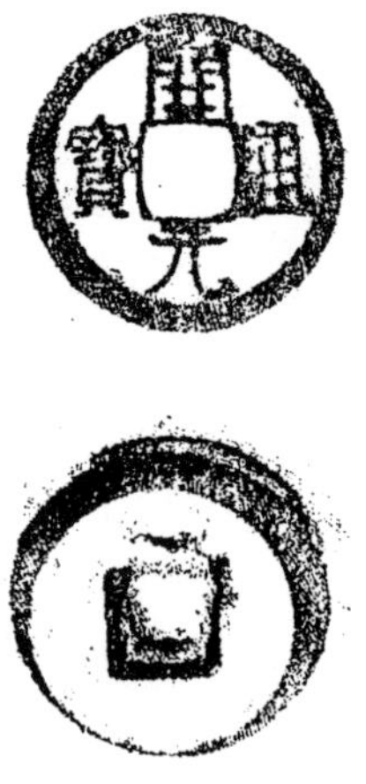

直徑:24.7mm
重量:3.9g

836 九
下移范
下月

直徑:23.4mm
重量:3.8g

837 九
下移范
下月

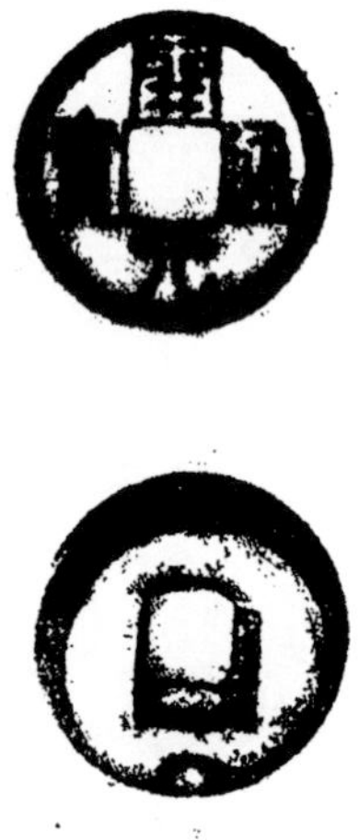

直徑:23.6mm
重量:3.4g

開元星月集·移范

838 九
右下重輪

直徑:25.2mm
重量:3.6g

839 五
左上移范

直徑:24.1mm
重量:3.6g

840 九
左移范

直徑:24.0mm
重量:3.2g

841 五
左移范 下星

直徑:23.7mm
重量:2.8g

842 五
左移范 通下星 旋穿

直徑:23.5mm
重量:3.9g

843 九
右重輪

直徑:23.2mm
重量:4.1g

844 九
左移范 上月

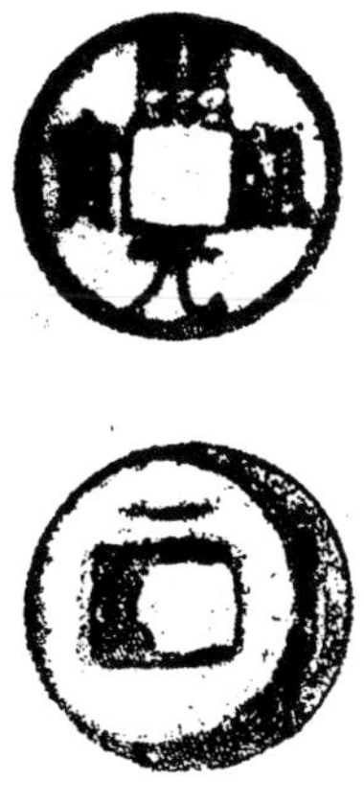

直徑:23.0mm
重量:3.7g

845 九
左移范 下月 旋穿

直徑:24.4mm
重量:3.7g

846 九
左移范 下月

直徑:24.1mm
重量:3.8g

847 九
左移范 下月

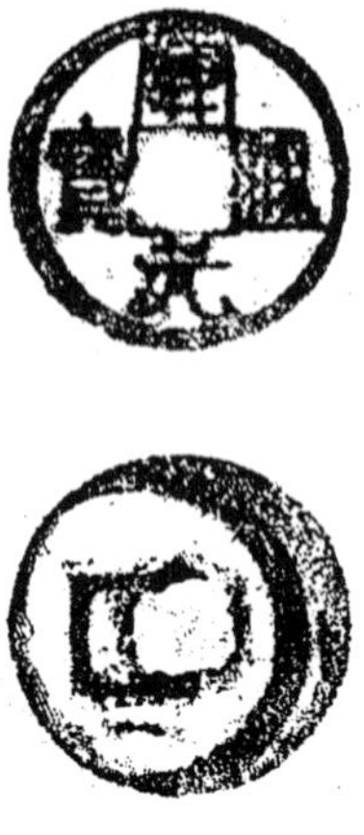

直徑:24.1mm
重量:3.4g

848 九
左移范 上下雙月

直徑:23.9mm
重量:3.4g

849 九
右移范

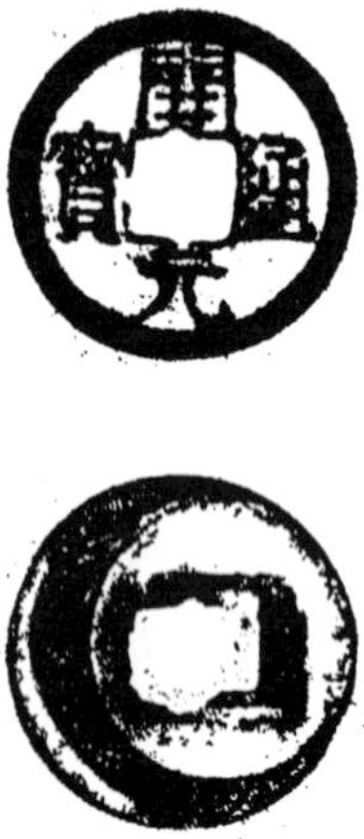

直徑:24.4mm
重量:4.4g

850 九
右移范

直徑:24.2mm
重量:3.7g

851 九
右移范 小型

直徑:22.6mm
重量:3.8g

852 九
右移范 上月

直徑:23.8mm
重量:3.4g

853 九
下移范 上下雙月

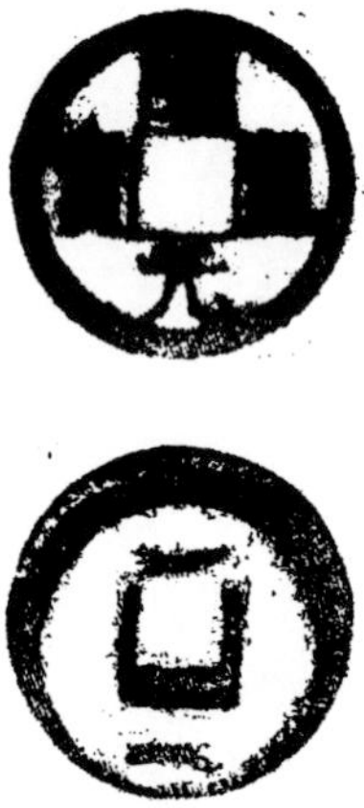

直徑:24.6mm
重量:4.0g

開元星月集·移范

854 九 左上移范

直徑:24.8mm
重量:3.7g

855 九 左上移范

直徑:23.7mm
重量:3.7g

856 九 左下移范

直徑:24.3mm
重量:4.1g

857 九 左下移范

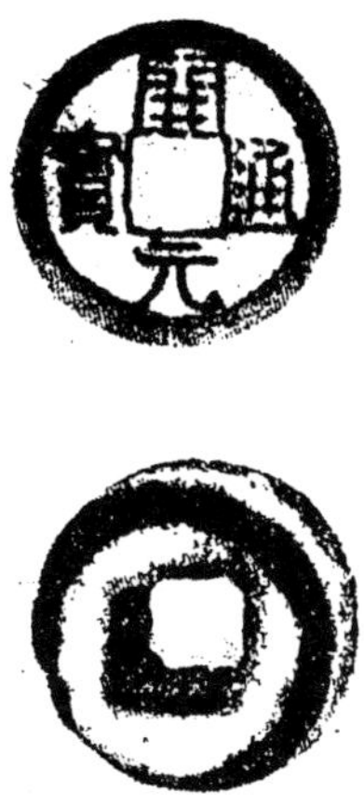

直徑:23.6mm
重量:3.3g

858 九 左下移范

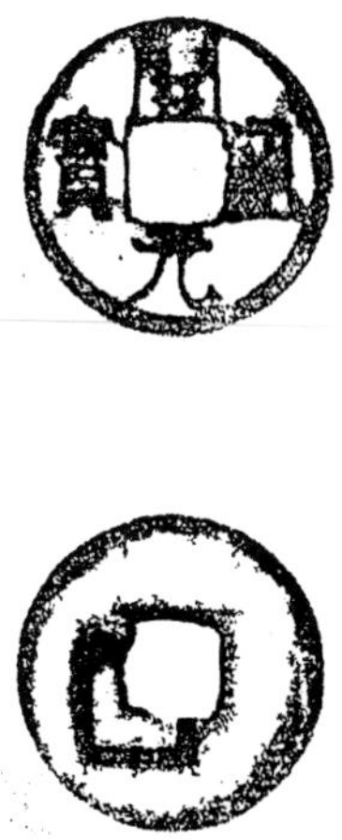

直徑:22.9mm
重量:2.5g

859 五 右上移范

直徑:23.5mm
重量:4.9g

860 四 右下移范

直徑:24.1mm
重量:4.3g

861 九 右下移范

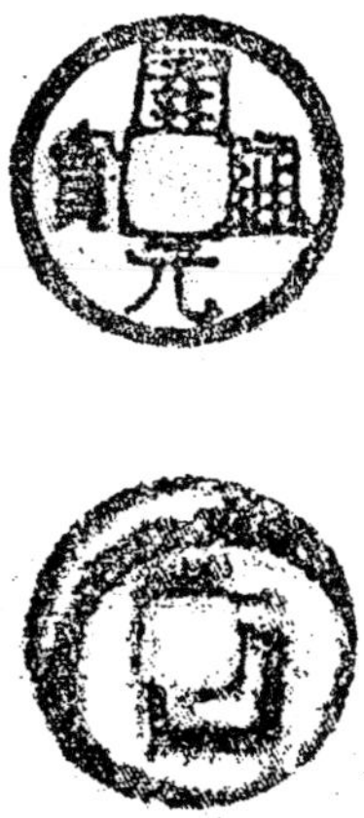

直徑:23.5mm
重量:3.1g

開元星月集·移笵

862	863	864
九	九	九
右下移笵 上星	右下移笵	下移笵 面上缺輪
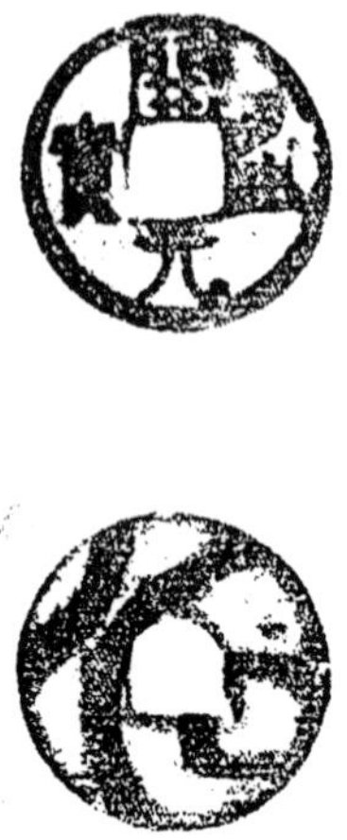	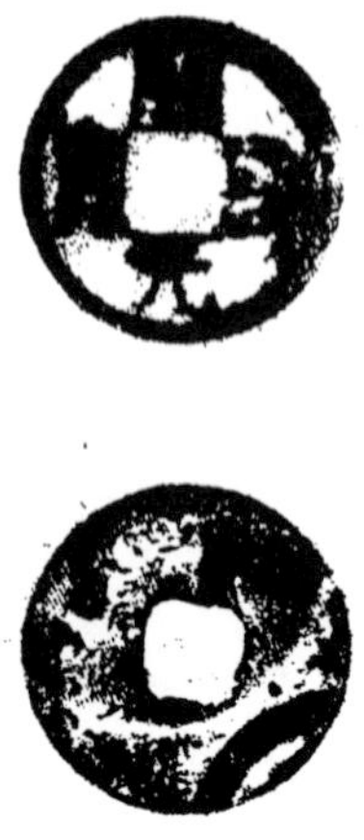	
直徑:23.0mm 重量:3.7g	直徑:23.2mm 重量:4.3g	直徑:23.6mm 重量:2.8g

九、金、鎏金類

865 金開元 珍

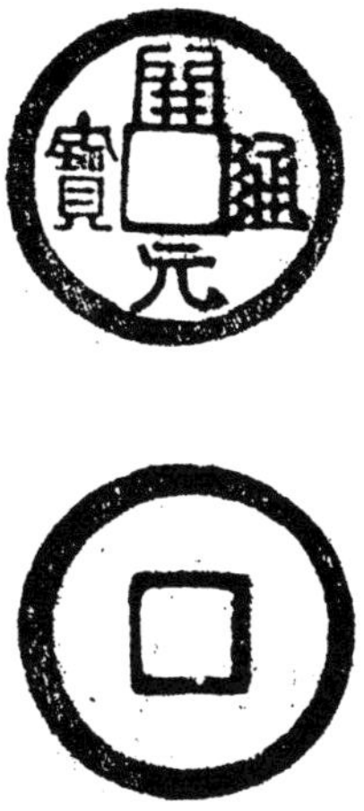

直徑:25.3mm
重量:4.0g

866 金開元 珍

直徑:24.6mm
重量:8.5g

867 金開元 珍

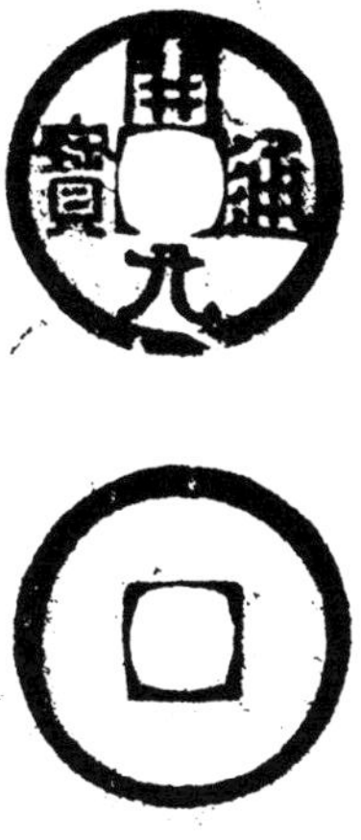

直徑:23.6mm
重量:6.6g

868 鎏金開元 珍

直徑:25.9mm
重量:4.0g

869 鎏金開元 稀

直徑:25.5mm
重量:4.7g

870 鎏金開元 稀

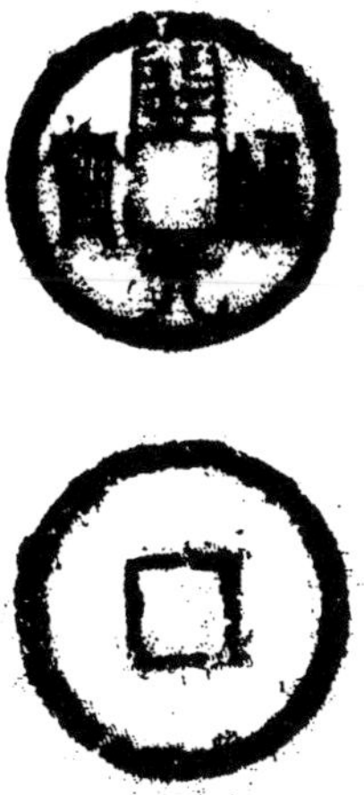

直徑:25.5mm
重量:4.0g

871 鎏金開元 稀

直徑:25.0mm
重量:4.0g

開元星月集·金、鎏金

872 稀

鎏金開元 短一元

直徑:24.7mm
重量:4.1g

873 稀

鎏金開元 短一元

直徑:24.7mm
重量:4.1g

874 稀

鎏金開元

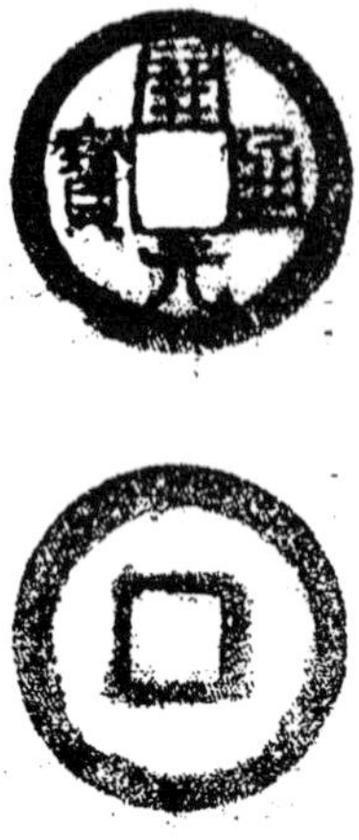

直徑:24.3mm
重量:4.5g

875 稀

鎏金開元

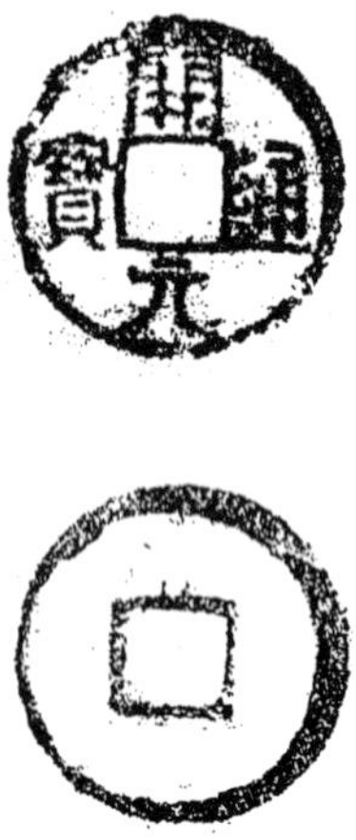

直徑:24.2mm
重量:4.0g

876 珍

鎏金開元 輪刻花

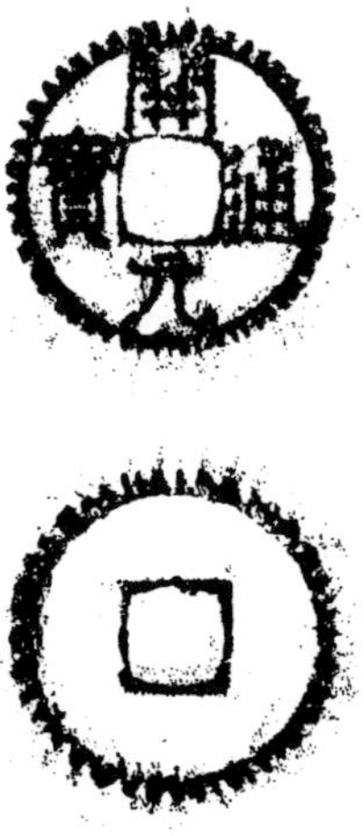

直徑:25.1mm
重量:3.8g

877 珍

鎏金開元 合背

直徑:24.2mm
重量:5.2g

878 稀

鎏金開元 上月 右移笵

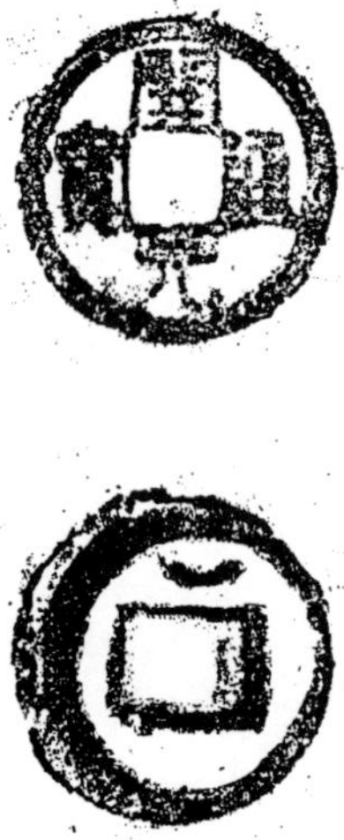

直徑:25.3mm
重量:3.7g

879 稀

鎏金開元 上甲文

直徑:25.5mm
重量:4.0g

開元星月集・金、鎏金

880	881	882
鎏金開元左小月	鎏金開元下立月	鎏金開元右下直月
		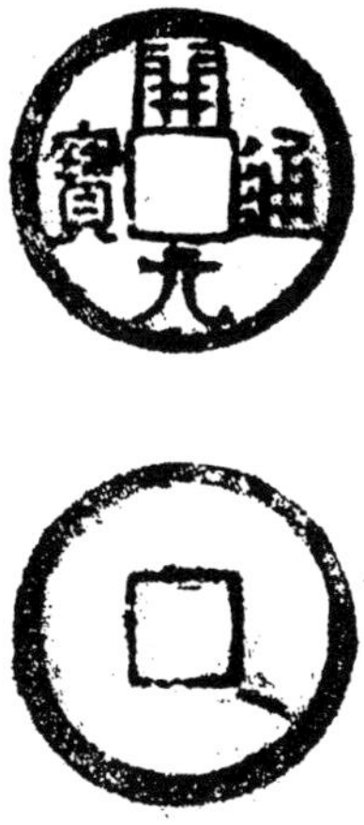
直徑:24.0mm 重量:3.8g	直徑:25.6mm 重量:4.6g	直徑:24.8mm 重量:4.6g

十、銀、鎏銀類

883 銀開元 珍

直徑:25.8mm
重量:4.0g

884 銀開元 珍

直徑:25.2mm
重量:5.9g

885 銀開元 珍

直徑:25.0mm
重量:4.0g

886 銀開元 珍

直徑:24.4mm
重量:3.3g

887 銀開元 珍

直徑:24.0mm
重量:5.2g

888 銀開元 珍

直徑:23.5mm
重量:6.6g

889 銀開元 上昌 珍

直徑:24.1mm
重量:4.7g

開元星月集・銀、鎏銀

890	鎏銀開元 左月 元內星
稀	

直徑:24.4mm
重量:4.1g

十一、鐵錢類

891 二
鐵開元
通下月
與481版式
相同

直徑:25.6mm
重量:2.9g

892 三
鐵開元

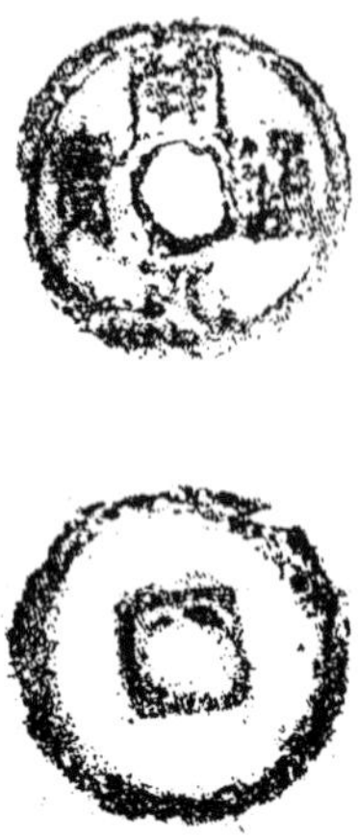

直徑:24.9mm
重量:3.4g

893 三
鐵開元
廣穿

直徑:24.7mm
重量:3.1g

894 三
鐵開元

直徑:24.5mm
重量:2.9g

895 三
鐵開元

直徑:24.0mm
重量:3.3g

896 三
鐵開元

直徑:23.5mm
重量:3.5g

897 三
鐵開元
上月

直徑:25.5mm
重量:3.5g

開元星月集·鐵錢

898 二

鐵開元
合背
面背八星

直徑:24.7mm
重量:5.0g

899 珍

鐵開元
大錢
上巨星

直徑:42.5mm
重量:25.6g

十二、鉛錢類

編號	品名	等級	直徑	重量
900	鉛開元	六	25.2mm	5.7g
901	鉛開元	六	25.0mm	4.2g
902	鉛開元	六	24.9mm	3.7g
903	鉛開元	六	24.0mm	4.5g
904	鉛開元 安南錢	五	23.7mm	2.0g
905	鉛開元 安南錢	五	23.5mm	2.4g
906	鉛開元 安南錢	五	23.5mm	2.4g

900 鉛開元 六

直徑:25.2mm
重量:5.7g

901 鉛開元 六

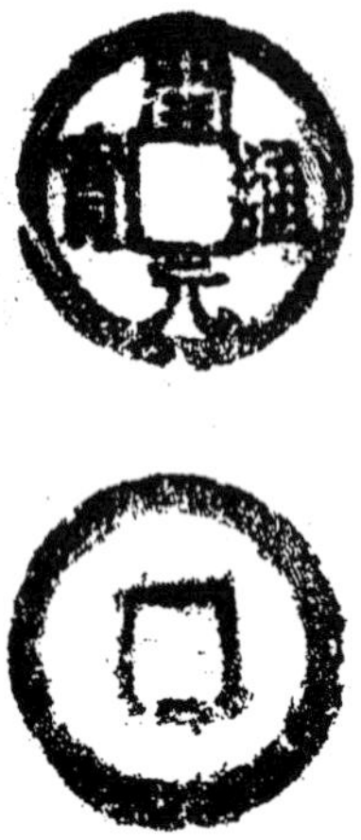

直徑:25.0mm
重量:4.2g

902 鉛開元 六

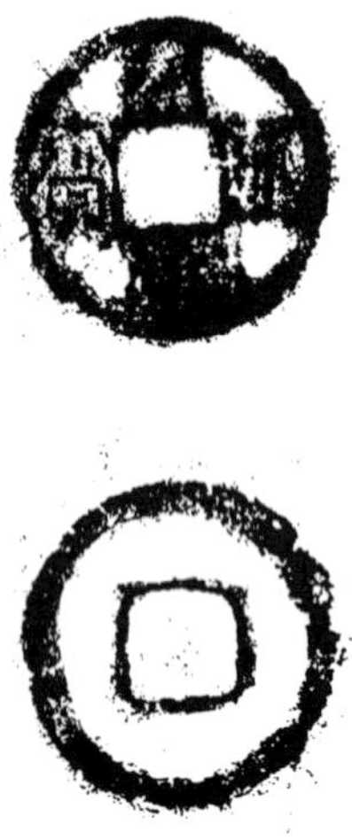

直徑:24.9mm
重量:3.7g

903 鉛開元 六

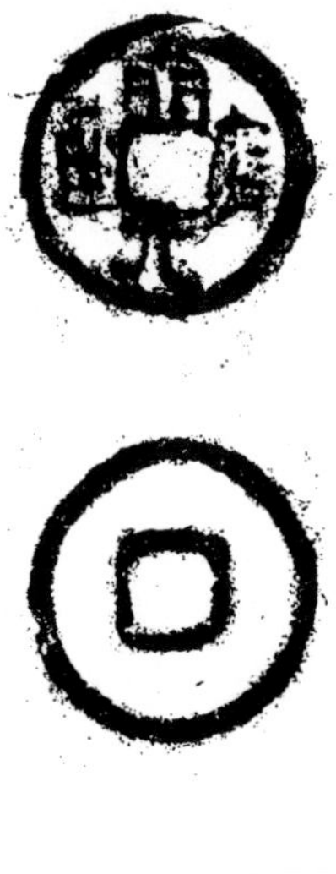

直徑:24.0mm
重量:4.5g

904 鉛開元 安南錢 五

直徑:23.7mm
重量:2.0g

905 鉛開元 安南錢 五

直徑:23.5mm
重量:2.4g

906 鉛開元 安南錢 五

直徑:23.5mm
重量:2.4g

開元星月集・鉛錢

907 五
鉛開元
安南錢

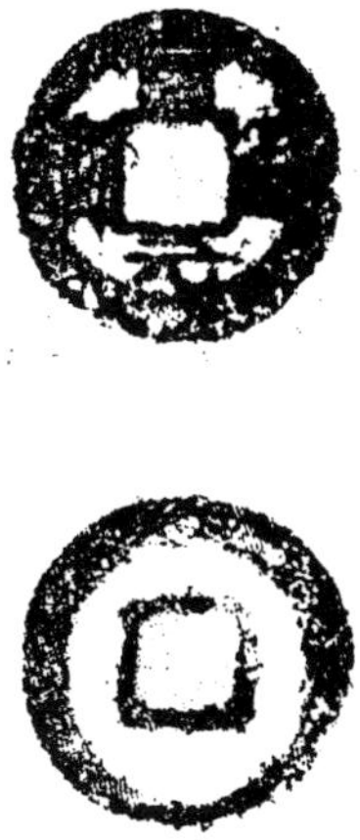

直徑:23.3mm
重量:2.4g

908 八
鉛開元
小型

直徑:20.2mm
重量:2.0g

909 五
鉛開元
上月

直徑:25.3mm
重量:6.5g

910 八
鉛開元
上下雙月

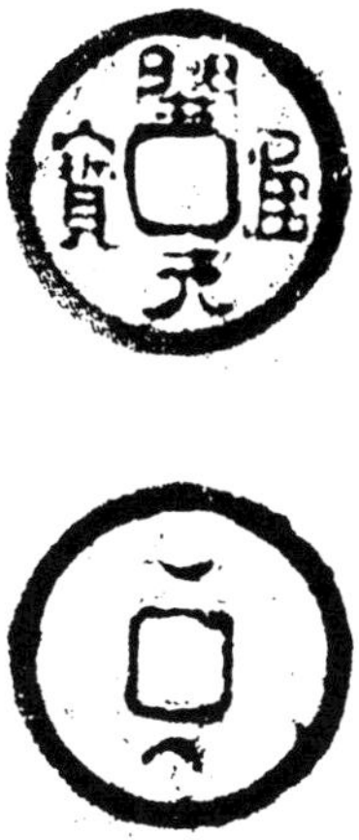

直徑:24.0mm
重量:3.3g

911 八
鉛開元
上下雙月

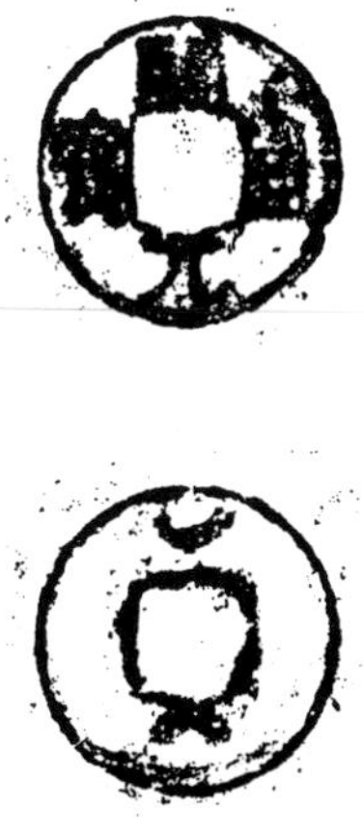

直徑:21.5mm
重量:3.5g

912 八
鉛開元
左右雙月

直徑:22.6mm
重量:4.9g

913 七
鉛開元
上福

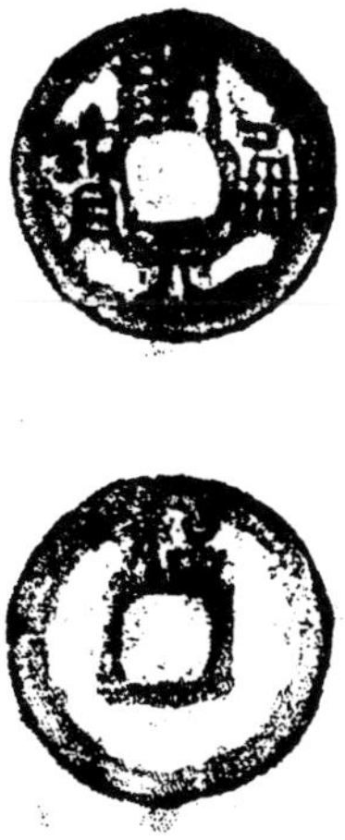

直徑:24.1mm
重量:3.8g

914 五
鉛開元
上閩

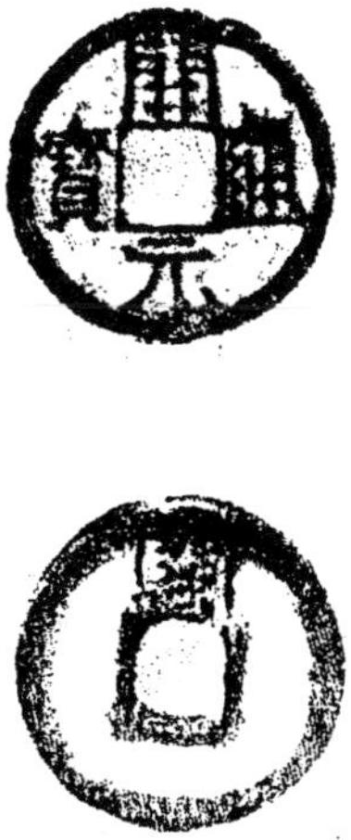

直徑:23.9mm
重量:4.0g

開元星月集．鉛錢

編號	品級	名稱	圖	直徑	重量
915	三	鉛開元 背金	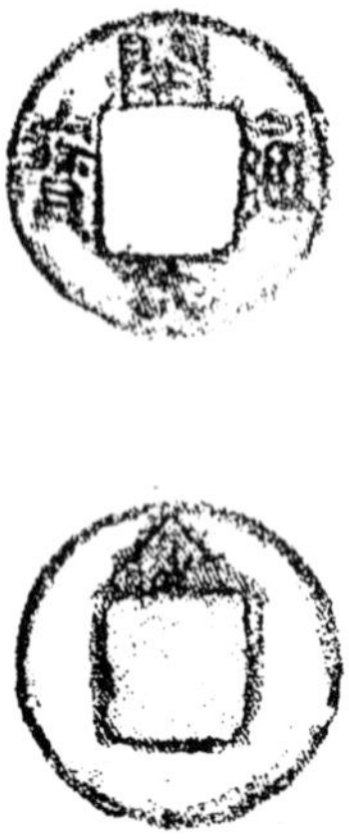	直徑:22.6mm	重量:3.4g
916	三	鉛開元 背金二	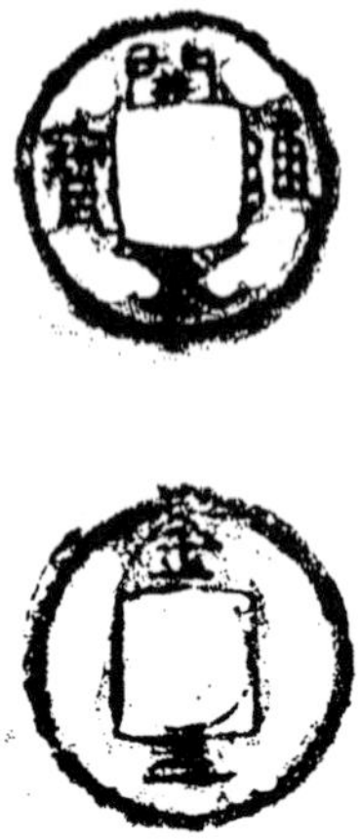	直徑:22.9mm	重量:3.3g
917	三	鉛開元 背金三	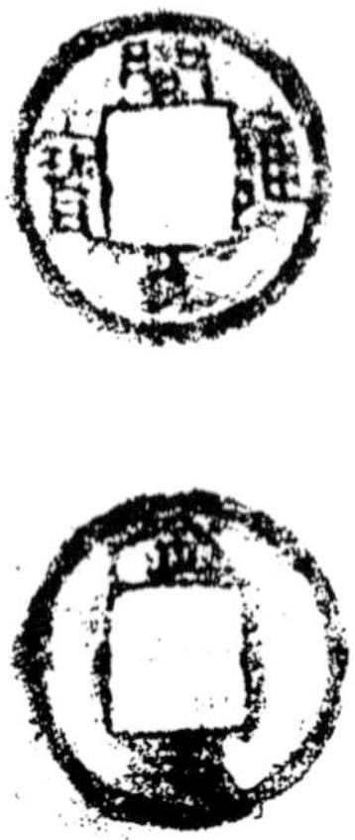	直徑:23.5mm	重量:3.3g
918		鉛開元 背文不明 (待考品)		直徑:24.9mm	重量:5.0g

開元星月集・鉛錢

919 閩月鉛錢 大樣 一

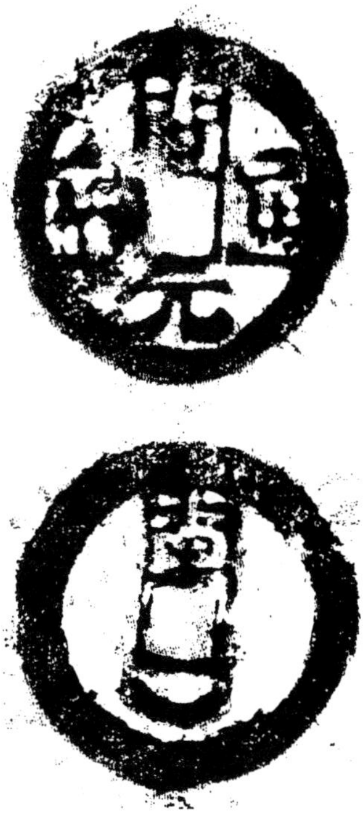

直徑:42.1mm
重量:36.0g

920 閩月鉛錢 下雙月 一

直徑:41.0mm
重量:29.8g

921 閩月鉛錢 左挑元 一

直徑:41.0mm
重量:29.2g

922	923	924
閩月鉛錢 直月	閩月鉛錢	閩月鉛錢 下複月
一	一	稀

直徑:41.0mm 重量:28.6g	直徑:40.8mm 重量:30.7g	直徑:40.7mm 重量:32.6g

925	一	閩月鉛錢 大字

直徑:40.5mm
重量:37.1g

926	一	閩月鉛錢 圓穿

直徑:40.5mm
重量:19.8g

927	一	閩月鉛錢 斜寶

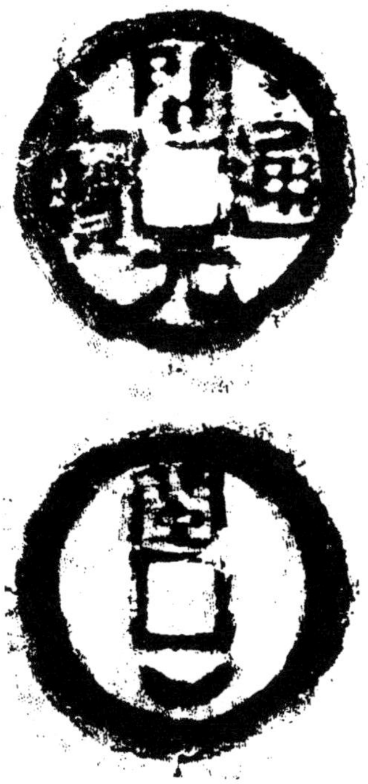

直徑:40.4mm
重量:31.7g

開元星月集・鉛錢

編號	品名	等級	直徑	重量
928	閩月鉛錢 大閩	一	40.2mm	32.8g
929	閩月鉛錢 仰元	一	40.0mm	31.0g
930	閩月鉛錢 背重輪	一	39.5mm	17.9g

928

929

930

931 一

閩月鉛錢
通下輪星

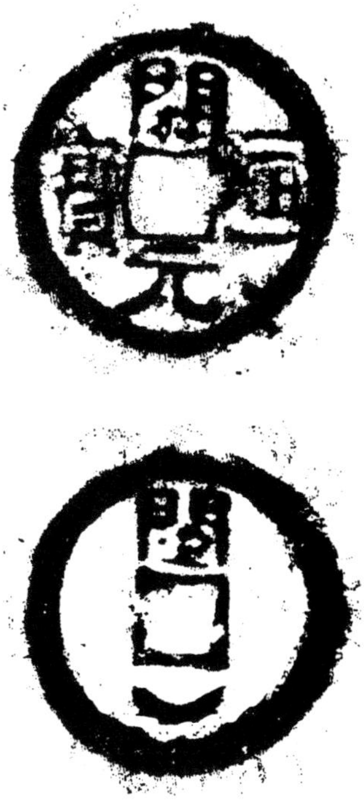

直徑:39.4mm
重量:18.4g

932 稀

閩月鉛錢
昂通

直徑:39.3mm
重量:23.1g

933 稀

閩月鉛錢
背旋印

直徑:39.3mm
重量:20.1g

開元星月集·鉛錢

934	一

閩月鉛錢
背重輪

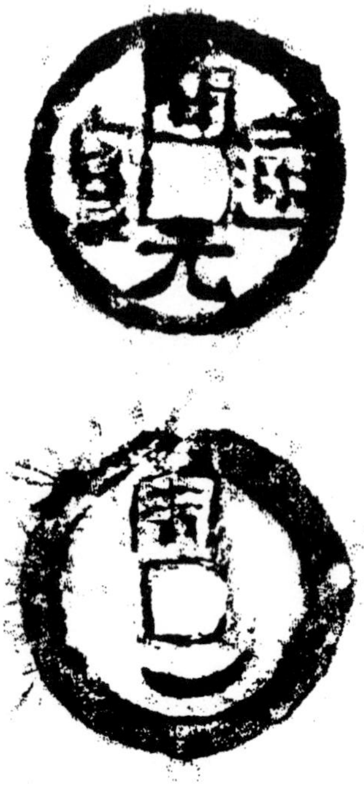

直徑:38.6mm
重量:22.2g

935	一

閩月鉛錢
背重輪

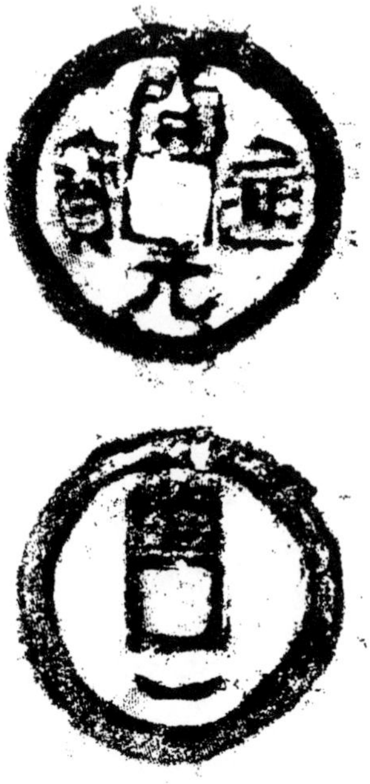

直徑:38.3mm
重量:16.9g

936	一

閩月鉛錢
雙挑元

直徑:38.2mm
重量:21.3g

開元星月集・鉛錢

編號	名稱	圖	尺寸
937 一	閩月鉛錢 面重文		直徑:38.2mm 重量:21.2g
938 一	閩月鉛錢 小閩	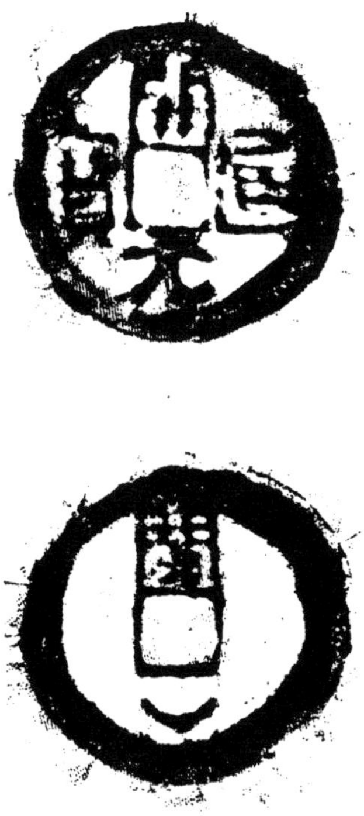	直徑:38.2mm 重量:19.8g

十三、背文類

939 七

上京

直徑:23.9mm
重量:3.7g

940 八

上京
下星

直徑:23.8mm
重量:3.5g

941 七

上京
下月

直徑:24.2mm
重量:3.7g

942 七

上京
下月

直徑:23.8mm
重量:3.9g

943 七

上京
下月

直徑:23.5mm
重量:4.2g

944 六

上京
下月孕星
短足元

直徑:23.9mm
重量:3.6g

945 七

上洛

直徑:24.6mm
重量:4.3g

開元星月集·背文

946 上洛 七

直徑:24.3mm
重量:3.5g

947 上洛 七

直徑:23.5mm
重量:4.3g

948 上洛 右月 七

直徑:24.8mm
重量:3.5g

949 上益 五

直徑:23.2mm
重量:3.8g

950 上梓 六

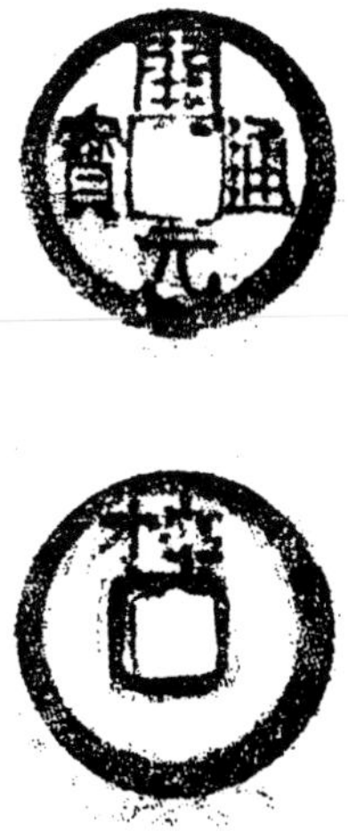

直徑:24.6mm
重量:4.3g

951 上梓 六

直徑:24.6mm
重量:3.8g

952 上昌 小昌 八

直徑:23.3mm
重量:4.0g

953 上昌 八

直徑:23.0mm
重量:4.6g

開元星月集・背文

編號	背文	品	圖	直徑	重量
954	上昌	八	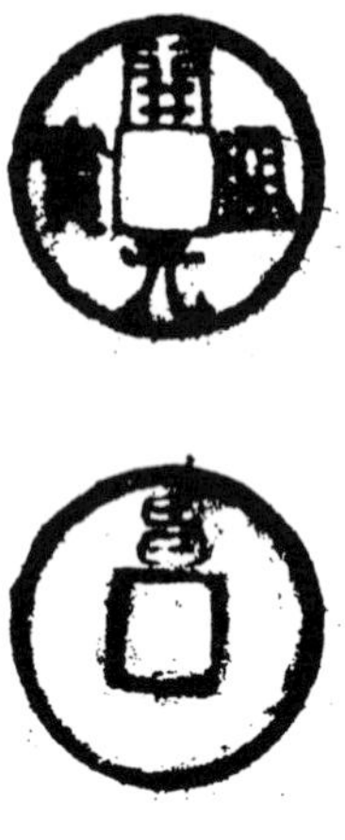	直徑:22.7mm	重量:4.4g
955	上昌 下月	八	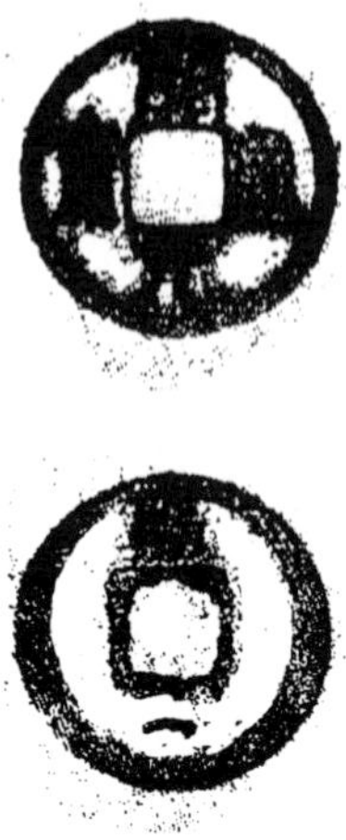	直徑:23.1mm	重量:4.0g
956	上昌 下月	八		直徑:22.8mm	重量:3.1g
957	右荆	七		直徑:24.1mm	重量:3.3g
958	右荆	七		直徑:23.9mm	重量:3.5g
959	上襄 厚重	七		直徑:24.2mm	重量:5.3g
960	上襄 左上移笵	七		直徑:24.4mm	重量:4.7g
961	右襄	七		直徑:23.5mm	重量:4.2g

開元星月集·背文

962 七
右襄

直徑:24.5mm
重量:4.7g

963 五
右藍

直徑:23.7mm
重量:3.8g

964 五
右藍

直徑:24.9mm
重量:4.6g

965 少
右藍
三祥雲

直徑:23.5mm
重量:3.0g

966 八
下越

直徑:23.9mm
重量:4.1g

967 七
下越
左星
厚重

直徑:23.7mm
重量:5.0g

968 八
下越
下移范

直徑:24.1mm
重量:4.0g

969 七
下越
上星

直徑:23.8mm
重量:3.8g

開元星月集・背文

970	971	972	973
下越上月	左宣上月	左宣上月	左潭
八	七	七	九
	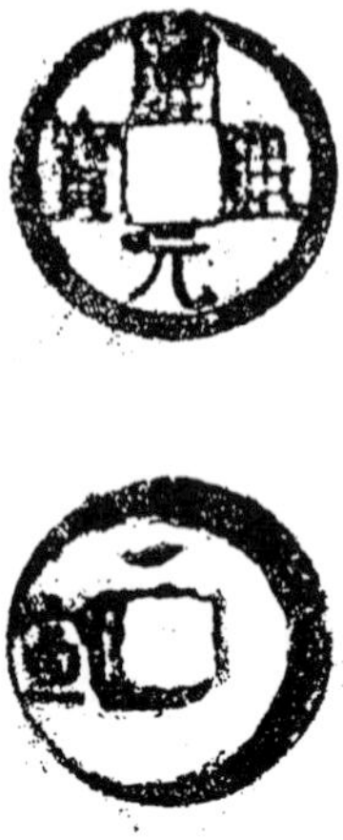		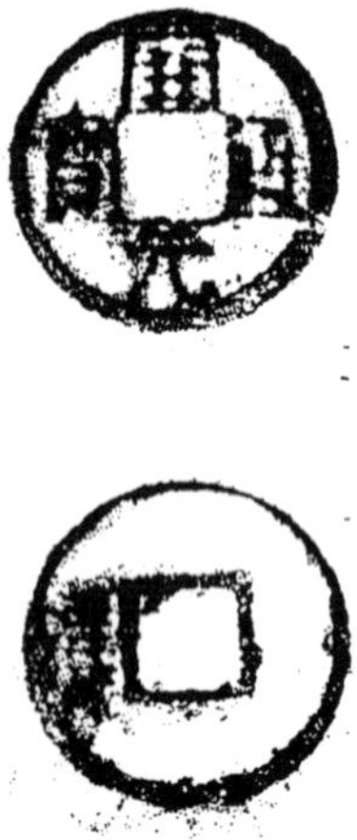
直徑:24.0mm	直徑:23.3mm	直徑:23.5mm	直徑:23.0mm
重量:4.8g	重量:3.4g	重量:3.0g	重量:4.4g

974	975	976	977
左潭	上洪	上洪	下倒洪
九	七	七	八
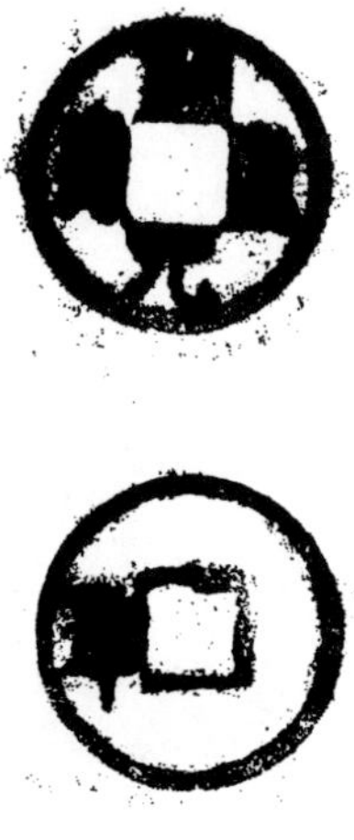			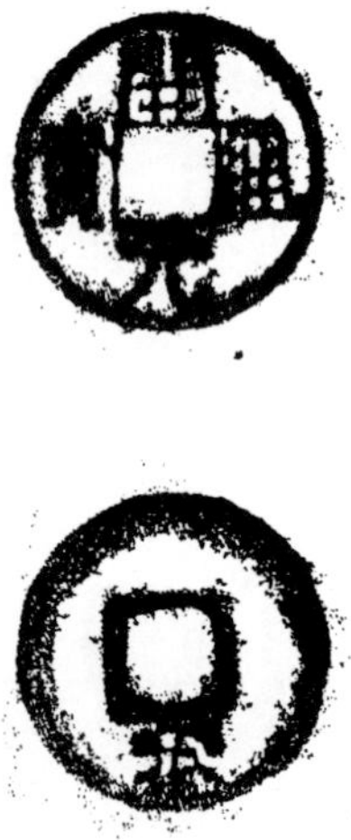
直徑:23.0mm	直徑:23.7mm	直徑:23.7mm	直徑:24.0mm
重量:3.2g	重量:3.7g	重量:3.4g	重量:4.1g

978 八 下倒洪

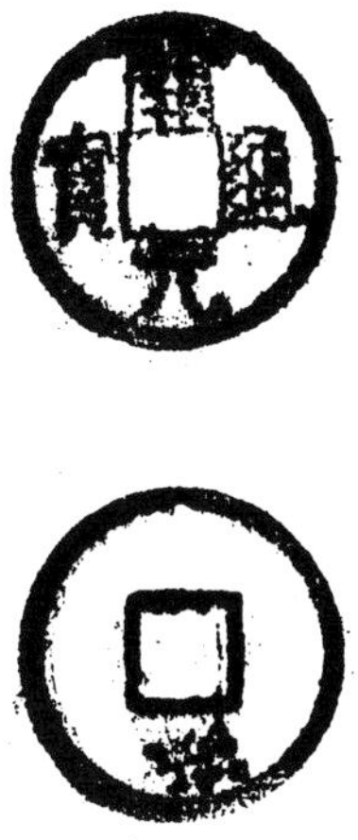

直徑:23.9mm
重量:4.5g

979 八 左洪旋穿

直徑:22.9mm
重量:3.1g

980 八 右倒洪

直徑:23.7mm
重量:3.4g

981 八 右倒洪

直徑:24.0mm
重量:3.8g

982 六 上兗

直徑:23.8mm
重量:4.4g

983 六 上兗

直徑:23.6mm
重量:4.0g

984 七 右廣

直徑:23.7mm
重量:4.7g

985 七 右廣

直徑:23.7mm
重量:4.4g

開元星月集・背文

986 七 上潤

直徑:23.8mm
重量:4.4g

987 七 上潤

直徑:23.5mm
重量:4.1g

988 七 上退潤

直徑:23.5mm
重量:3.9g

989 七 上潤

直徑:23.4mm
重量:4.1g

990 七 上仰潤

直徑:23.1mm
重量:4.1g

991 七 上鄂

直徑:23.8mm
重量:4.9g

992 七 上鄂

直徑:23.8mm
重量:4.2g

993 六 上平

直徑:24.2mm
重量:4.0g

開元星月集·背文

994 六
上平 背闊緣

直徑:24.1mm
重量:3.8g

995 六
上平

直徑:24.0mm
重量:3.6g

996 三
下倒平

直徑:23.4mm
重量:3.5g

997 三
下倒平

直徑:22.7mm
重量:2.8g

998 六
上退平 右月

直徑:24.0mm
重量:4.0g

999 七
上興

直徑:24.2mm
重量:4.0g

1000 七
上興

直徑:24.2mm
重量:3.5g

開元星月集・背文

編號	背文	等級	圖	直徑	重量
1001	上梁	七		直徑:24.6mm	重量:3.3g
1002	上梁	七		直徑:23.9mm	重量:3.8g
1003	下倒梁	七	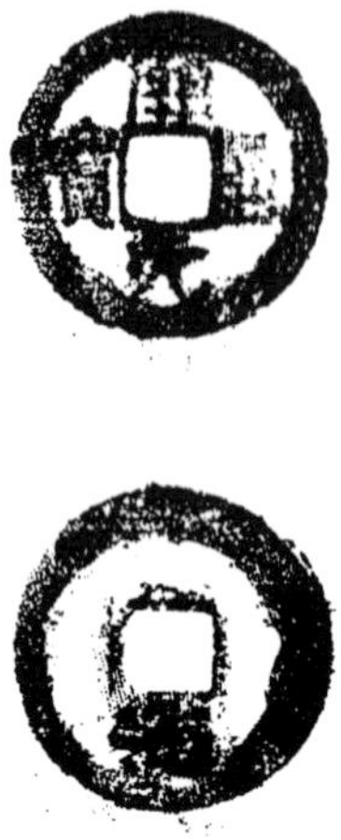	直徑:23.9mm	重量:3.7g
1004	下倒梁	七		直徑:23.3mm	重量:4.3g
1005	上福	三		直徑:23.2mm	重量:2.7g
1006	下福	一		直徑:24.2mm	重量:3.6g
1007	右桂	五		直徑:23.5mm	重量:3.9g
1008	右桂	五		直徑:23.0mm	重量:3.7g

開元星月集・背文

1009 右桂 五

直徑:24.3mm
重量:3.0g

1010 上丹 五

直徑:24.4mm
重量:3.6g

1011 上丹 五

直徑:23.7mm
重量:2.9g

1012 右倒丹 二

直徑:24.7mm
重量:3.1g

1013 上永 稀

直徑:24.2mm
重量:3.0g

1014 上永 稀

直徑:23.1mm
重量:3.7g

1015 下永 稀

直徑:24.6mm
重量:3.7g

1016 下永（參考品）

直徑:23.0mm
重量:2.9g

開元星月集・背文

1017 珍

上殷

直徑:23.0mm
重量:4.0g

1018 珍

上閩三殷

直徑:23.7mm
重量:4.6g

十四、其他及不明圖文類

1019 珍
上圈星

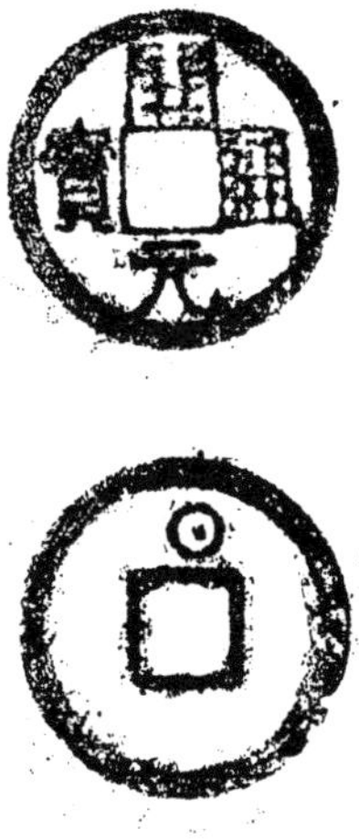

直徑:25.3mm
重量:3.7g

1020 珍
上日下月

直徑:24.0mm
重量:3.8g

1021 珍
上祥雲

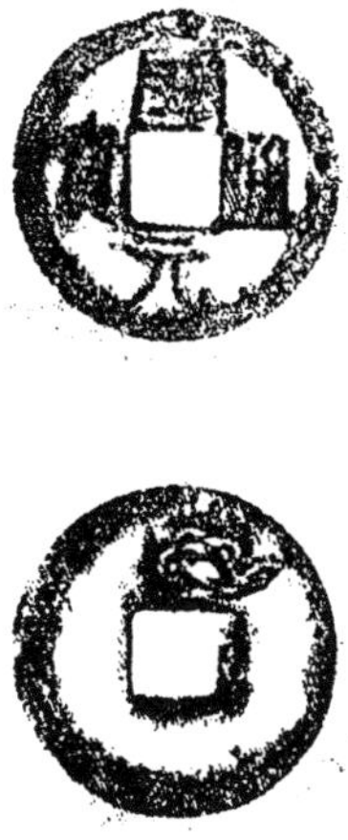

直徑:23.3mm
重量:3.9g

1022 一
上右雙祥雲

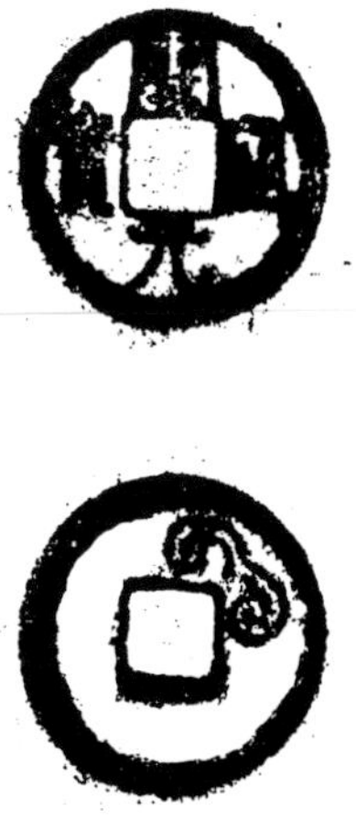

直徑:23.4mm
重量:3.3g

1023 七
背四決

直徑:25.0mm
重量:4.0g

1024 七
背四決

直徑:24.7mm
重量:4.1g

1025 七
背四決

直徑:24.5mm
重量:3.4g

開元星月集・其他

1026 背四決 七

直徑:24.0mm
重量:2.8g

1027 背四決 七

直徑:25.1mm
重量:3.4g

1028 背四道 一

直徑:24.3mm
重量:3.1g

1029 粟特開元 背族徽

直徑:24.3mm
重量:3.4g

1030 粟特開元 背族徽

直徑:25.1mm
重量:3.5g

1031 粟特開元（參考品）

直徑:24.6mm
重量:3.4g

1032 不明文字

直徑:23.3mm
重量:4.2g

1033 不明文字

直徑:24.0mm
重量:3.2g

開元星月集・其他

編號	名稱	等級	圖	直徑	重量
1034	彪字 背雨絲	稀	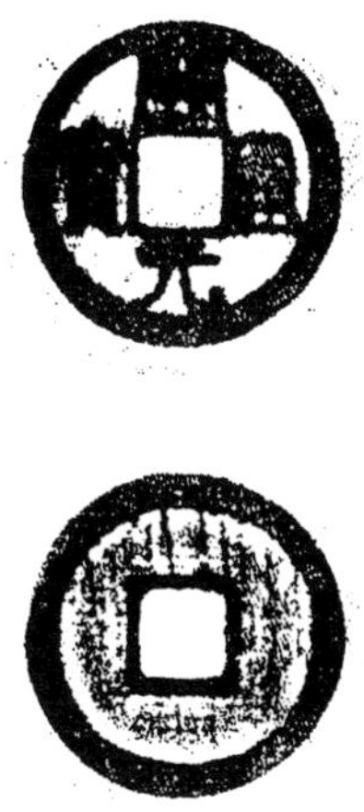	23.8mm	3.6g
1035	背祥雲	三	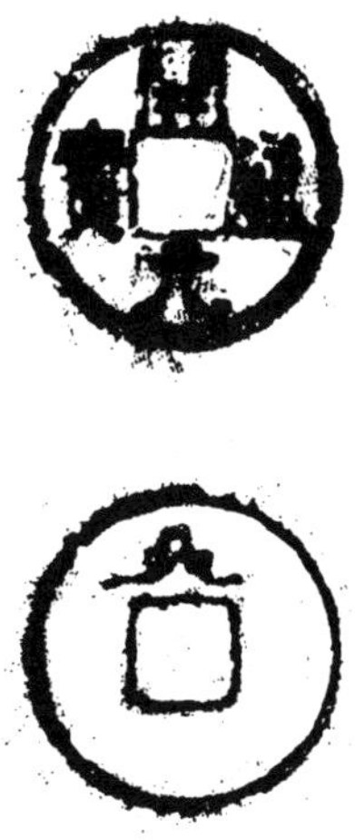	24.3mm	3.1g
1036	右甲文（流星）	二		25.0mm	4.1g
1037	上甲文（流雲）	二		23.1mm	2.2g
1038	右蝶文	珍		24.3mm	3.0g
1039	不明圖文	五		24.2mm	3.7g
1040	不明圖文	三	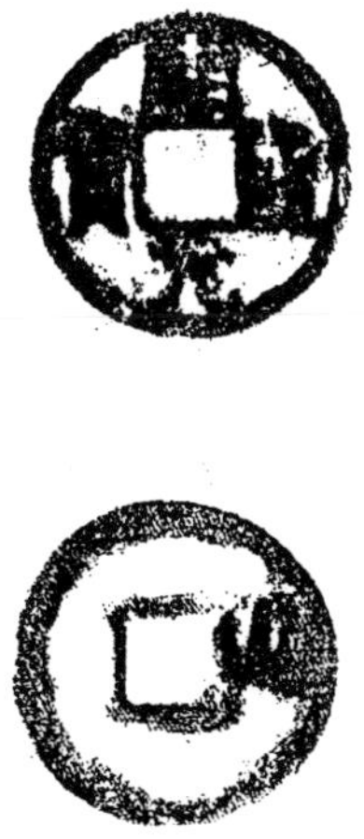	23.6mm	4.1g
1041	不明圖文	二		23.1mm	3.2g

開元星月集·其他

1042 五 不明圖文

直徑:24.6mm
重量:4.7g

1043 五 不明圖文

直徑:25.1mm
重量:3.3g

1044 五 不明圖文

直徑:24.5mm
重量:4.6g

1045 五 不明圖文

直徑:24.2mm
重量:4.1g

1046 五 不明圖文

直徑:23.8mm
重量:3.2g

1047 五 不明圖文

直徑:23.3mm
重量:3.7g

二枚有趣的開元

賴立川

圖一的開元，元通寶三字上下重文。面輪也有向下偏移的現象。推測是母錢壓模時，向下偏移壓了二次。圖二的開元，錢徑左右的寬度，明顯比上下大。內穿也是左右的寬度大，上下小。正反面都是這樣。看錢面並沒有被壓平、延伸的痕跡，輪的四周厚度也都一樣。面文四字也有闊字的感覺。推測在砂模的錢室就是這個樣子。如是母錢壓砂模時有左右移動的現象，應該會有重輪重郭重文，但此錢並無重輪重郭重文的現象。此枚錢形成的原因頗耐人尋味。筆者大膽推測是砂模移動時，受到振動，使得砂模變形所致。此錢形式非新的版式，只能歸類為異范、或趣味品。

鑄錢的技術應是一脈相承，不會突然有太大的改變。西漢初於上林苑統一鑄幣，集合了全國的鑄錢工匠，故其五銖錢的鑄造工藝才得以提升。終漢朝末，其鑄造方法都沒有太大的改變。晉朝廷並未鑄錢，放任由民間鑄造，故其鑄造工藝並未進步。這從沈朗五銖及太平百錢、定平一百可以看的出來。這種鑄造工藝水平及方式沿續到了南北朝時期。鑄錢工藝直到了北周才有了轉變，其貨泉、五行大布、永通萬國，鑄造工藝比前朝精進很多。並延續到隋、唐二代。尤以唐初鑄的開元最為精美。

唐代鑄錢的方法依泉家的看法是用砂模鑄造，有人從背月記號是於上下砂模分離時，母錢掉落在背模所形成的原因來推斷。但至今仍有一些未解的迷團。比如唐朝初期鑄造精美的開元錢，卻從未發現母錢。僅知會昌開元是用通用錢來做母錢，背加鑄地來做成的。

圖二

163 珍 扁形

直徑:26.7mm

重量:3.6g

圖一

164 三 元雙左挑 貫元 通寶重文

直徑:23.2mm

重量:3.1g

唐朝幣制簡述

蔡啟祥

唐代的幣制，是承襲兩晉 南北朝的傳統，流通手段以錢帛為主；黃金除寶藏手段外，有時也用作價值尺度和支付手段；白銀在唐末五代漸佔優勢。

唐錢在名稱上有很大的變革。唐以前的錢幣，差不多都是以重量為名稱，雖然名稱已和重量不符。比如蜀漢的直百五銖，實重遠遠低於一百個五銖，而許多輕小的五銖，卻不夠分量，然而究竟還保留著銅塊貨幣的痕跡。自唐起，錢幣就不再以重量為名稱了，而改稱「寶」或「通寶」或「元寶」，或其它什麼寶，並冠以當時年號；貨幣稱寶是有其社會意義，這就是貨幣威力增大了。古代錢幣中也有稱寶的，王莽稱他的幣制為寶貨制，但那是一時的事。自唐以後，錢幣就名實都成為寶物而支配人類社會了。錢上鑄明年號，並不是唐朝創始的，兩晉 南北朝已經有了；而且唐朝第一次鑄的錢，並不是年號錢，不過以後的錢，差不多都是年號錢。

唐朝最先鑄，同時也是最重要的一種是武德四年（西元621年）的「開元通寶」。開元錢的大小和漢五銖差不多，但規制每十枚為一兩，意即開元通寶一枚重等於一錢，這是中國衡法改為十進位的關鍵，從此中國「錢」重量單位名稱即由此而來。

唐代 武德四年起一直用開元通寶錢，兩三百年間基本上也沒有什麼變動，這在中國歷史上是絕無僅有。這是一種優越的貨幣制度；另外它的成色也有了制度化，唐以前各地鑄幣以及各次所鑄的錢幣，成色不一，到唐朝才有一定的制度，唐錢幣的成色是銅佔83％，白鑞佔14.6％，黑鉛佔2.2％。

唐代文化的高度發展，使唐代貨幣之化也傳播到外國去。如日本、朝鮮等國，此外，也影響了一些西域的民族，如回紇在安 史之亂時，曾派軍隊助唐平亂，唐王朝贈其統治者摩廷啜為英武威遠毘伽闕可汗稱號，並把寧國公主嫁給他；他的兒子牟羽天可汗曾鑄造兩面回紇文仿開元通寶的方孔圓錢；突騎施也鑄仿開元式的方孔圓錢，這些錢幣流通了一兩百年；另外還有高昌王麴文泰的「高昌吉利」錢也是方孔圓錢；相對的，外國錢幣也影響了唐代及後來各朝。如：開元錢背月痕，它的紀范記號「星、月」文也是受回教「星、月」文的影響（彭信威語）；西域域傳來的金、銀幣，也影響了中國金銀錠形式了改變，金、銀幣在唐雖作賞賜、撒帳、供奉等用途，但它被鑄成和錢幣一樣形狀，應是受西域傳來的金、銀幣所影響，如拜佔庭金幣，波斯 薩珊銀幣。（參閱彭信威 中國貨幣史）

會昌法難

蔡啟祥

佛家有「三武一宗」的法難，唐武宗「會昌法難」即其一。佛教東傳到中國之初，即已出現了佛、儒抗爭的問題，整個北朝時代儒、佛、道三教的論衡，極盛一時，此起彼落未嘗終止。一直到唐代，佛教已融入於中國人的生活之後，此一論衡爭尚持續不斷。唐高祖建唐之際，曾將三教排到成老、孔、釋的次序；太宗也曾下詔云：「老子 李姓，乃朕之祖，名位稱號，宜先於佛。」由此可知，唐室的基本政策乃道先而佛後。唐玄宗尤其相信道教，開元二十五年，曾設開元道觀於天下各州，又以老子道德經、列子、莊子等做為科舉考試的科目。

佛教在南北朝時進入一個鼎盛期，當時君主如梁武帝、陳武帝、魏文帝均篤信佛教，影響所及，整個社會大事興佛，但也使佛教漸進浮華奢侈，竟而動搖國本。魏書、卷一一四釋老志「興光元年秋敕有司於五緞大寺內為太祖已下五帝鑄釋迦立像五，各長一丈六尺，都用赤金二萬五千斤……天安（二年）又於天宮寺造釋迦立像，高四十三尺，用赤金十萬斤，黃金六百斤。」舊唐書卷一一八王縉傳「（代宗時）五台山有金閣寺，鑄銅為瓦，塗金於上，照耀山谷，計錢巨億萬。」南齊書卷五三虞愿傳「明帝……以故宅起湘宮寺，費極奢侈，……新安太守巢尚之罷郡還見，帝曰：「卿至湘宮寺未？我起此寺是大功德。」愿在側，曰：「陛下起此寺，皆是百姓賣兒錢貼婦錢。佛若有知，當悲哭哀愍，罪高佛圖，有何功德？」

位於陝西 扶風縣的法門寺，在1987年重建時發現地宮珍藏稀世珍寶。其中包括4枚佛指舍利，系唐代皇帝多次迎送的釋迦牟尼佛的真身舍利；其他金銀供養器物121件，400多件（顆）珠玉寶石，17件玻璃器皿，62件祕瓷和漆木器及大量絲織品，還有首次發現的玳瑁刻製的「開元通寶」錢。

此塔每三十年開塔一次，以祈歲豊民和，國運昌隆。唐 貞觀首次開塔後，各帝皆迎請佛骨到京供養；高宗 顯慶五年迎佛骨入內供養；武則天 長安四年，迎佛骨至洛陽供養；後歷中宗、肅宗、德宗、憲宗、文宗、懿宗，沿襲不斷。

迎送佛骨是當時最高的禮佛形式。據歷史載，迎佛骨時，「王公士庶奔走舍施，唯恐在後。百姓百廢業破產，燒頂灼臂而求供養者」；「自京城至寺三百里間，道路車馬晝夜不絕」；「導以禁軍兵仗，公私音樂，沸天燭地，綿亙數十里」；「富寶夾道為彩樓及無遮會，竟為侈靡」；「宰相以下竟施金帛不可勝記」，簡直到了狂熱的程度。則天 長安四年迎佛骨時，曾由法藏大師主持，於塔下行道七晝夜，然後啟塔迎請，途經武功、長安、渭南等地，直到洛陽宮內，「感應舍利多次發光」，沿途帳蓬幢幡寶蓋，晝夜不斷。

憲宗 元和十四年派使迎佛骨時，刑部侍郎韓愈鑒於迎佛給國家和人民造成巨大的危害，作諫迎佛骨表呈上，帝閱後大怒，韓愈被貶潮州。一般也都認為這是促成武宗廢佛的原因之一。

西元841年：武宗 會昌元年，下廢佛之詔。

西元842年：宮中一在儀式皆依道教。

西元843年：藉口回紇族的入侵，展開殺戮各寺院新度之僧。

西元844年：禁止民間所舉行的佛教儀式，廢除佛寺、佛堂。僧尼悉令還俗。

西元845年：徵集各佛寺的財產，用以營造道教的望仙台。

武宗共廢四萬四千餘座佛寺，被迫還俗僧尼達二十六萬餘人。最後，幾乎使佛教完全消滅，僅各州殘存的一座寺院，勉強支持。

開元錢對後世的影響

蔡啟祥

「開元通寶」錢，是中國貨幣使用最長的銅幣，一直到西元1912年的民國初年，還在貨幣市場上參加流通。它有什麼特別原因和魅力使它歷經千年而不衰？

一、錢名取得好，「開元」是開始一個新紀元的意思，「通寶」是通行的寶貨的意思。從唐「開元通寶」開始，歷代鑄錢都以「通寶」為當代法定貨幣。如後來五代 後周的「周元通寶」、後漢的「漢元通寶」、北宋開國第一種錢幣也是稱「宋元通寶」，甚至連「開元通寶」錢文字體都照章全收；如「周元通寶」只易「開元通寶」錢上的「開」字，其他三字不變；「漢元通寶」易「漢」字；「宋元通寶」易「宋」字，即以此為范鑄錢行用之。

二、規格尺寸適中：唐開元通錢雖沿襲漢五銖，經驗証實魏晉南北朝數百年的大錢、小錢轉輾變化，最後還是以西漢 武帝時的「上林五銖」最適中，所以唐高祖立國後整頓幣制，就以漢五銖為範，定唐制八分為徑（今直徑2.5厘米），這種大小適中的一文銅幣規格，歷經千年不變，雖然，後代有行用大錢，或薄小錢，都因戰亂而行用之，待政治清明，經濟回穩，或改朝換代後，莫不又恢復到「開元通寶」錢的大小規格。這現象一直至「民國通寶」止。

三、重量恰到好處：開元錢的重量，二銖四絫（今3.75克），每十文重一兩。後代不再稱「銖、絫」，而稱：一錢，意即開元通寶一文的重量，這是中國衡法改為十進位的由來。自唐以後，中國衡法一直沒有變過，清庫平一錢，和標準開元錢一文的重量相等。當然，其中開元錢也有重量達四克以上的，但那是鑄造技術的原因，不是衡制問題。

後記

賴立川

本書歷經數月整理泉品、拓圖、量徑重、編排、打字終於完成。在欲整理開元錢之初，有人曾勸道：整理開元錢並非易事，勿輕率為之，因為，坊間已有多種版本的開元泉譜，是否能超越它們？而且開元錢版式特多，再怎收集也難以齊全。基於以上兩點，我認為困難點就是開元的版別太多了，多到至今仍無人能統計究竟有多少版，但我仍然不認為這是放棄整理開元錢的理由，因為，就是開元錢出土量大，版式特多，大部份的價又不貴，故收集開元錢的泉友相當多，本書是仍無法將開元錢所有的版式收錄其中，但裡面仍有一些版式是其它書上沒有發表過的，為與泉友共享，互相觀摩、研究，就算是我先拋磚引玉，讓廣大泉友能跟進，而慢慢一步步將開元錢的版式歸納、整理出來。

本書泉品編排方式，依筆者個人意見如目錄之方式分類，如有星月記者，位在面者先，在背者居後，於背者，再依位置上、下、左、右、左上、左下、右上、右下排列。以上說明希能使讀者查閱快速、方便。

在此要感謝「古泉雅集」的會員大力支持，並提供豐富的藏品，使本書內容有其可看性、及有其價值性。「古泉雅集」的成員都是收集中國古泉已數十年的泉友，且會內每月聚會大家須提出研究古泉的論文，故每位會員不但是手上藏品豐富，對歷代古泉更是有深入的研究。

「古泉雅集」有在網站發表了會內成員所撰寫的論文，網址是http://oldcoinclub.myweb.hinet.net如泉友有興趣與本會互相研討古泉，也可以用電郵信箱聯絡：lai.pc220@msa.hinet.net

古泉雅集叢書

得壹順天泉譜

賴立川 主編

附錄目錄

前言

唐朝自唐高祖李淵開國（公元六一八），平定群雄，後有英明的太宗李世民繼位，政通人和，創下「貞觀之治」的太平盛世。接著有高宗的守成，天下尚稱太平，所謂「永徽之治」。其子中宗年幼繼位，雖有武后篡位自立，改國號周，做了二十一年的女皇帝。之後中宗復辟，韋后篡位不成，此時天下尚能保持太平。玄宗即位，年號開元，開元前十年仍然是太平盛世。此後因玄宗寵愛楊貴妃，發生了安史之亂，唐代由極盛轉向下坡，至此已是唐代中葉了。

武則天晚年，宰相張柬之乘其染病在床，迎立中宗復辟。中宗復辟不久，他的皇后韋氏也想篡位，她先將宰相張柬之殺死，任用武后的侄兒武三思謀事，不久又把自己的丈夫中宗殺死，也自即帝位，任用三思為相。臨淄王李隆基率兵入京，殺了武三思，迎其父相王旦即位，是為睿宗。不久傳位隆基，便是唐玄宗。年號開元，他任命姚崇璟等為相，國太民安，民生富裕，當時的米一斗僅值三錢，絹一匹二十錢，史家稱之為「開元之治」。但玄宗天寶以後便由盛入衰了。玄宗晚年流於驕惰，醉心聲色，政風腐敗。並寵愛楊貴妃後，封其義兄楊釗（楊國忠）為宰相。楊釗本在四川從軍，非常落魄不得志。但經楊貴妃開口推薦，馬上官至極品。玄宗又採納相國李林甫的建議，節度使大都任用胡人，使安祿山一人兼任平盧，范陽，河東三個節度使。安祿山雖對天子百般恭順，拜楊貴妃為乾娘，但對楊釗靠攀緣得來的相國位置，並不恭維，他倆由互相鄙視而發生嫌隙，楊釗挾怨向玄宗進讒言，說安祿山蓄意謀反，安氏有可能也是被楊釗所迫，而造反的。安祿山以誅殺楊釗為名，於天寶十四年（公元七五五）十一月自范陽起兵南下，唐朝太平日久，武備廢弛，一路攻入長安，僭稱大燕皇帝。玄宗只好避亂四川。途中六軍要求將楊釗與楊貴妃賜死。這時玄宗子李亨在靈武（今甘肅）即位。命郭子儀，李光弼等聯合九個節度使的兵力反攻。安祿山後被其子安慶緒所殺，安慶緒向史思明求助，史思明大敗唐軍，又殺死安慶緒。肅宗乾元元年（公元七五八）四月，史思明也僭稱大燕皇帝。後史思明也被其子史朝義所殺。到了肅宗寶應元年（公元七六二）十月，郭子儀獲得回紇援兵，終於平定了八年來的安史之亂。

史思明為營州的胡人，為突厥種，從安祿山反。當他盤踞洛陽時（公元七五八—七六十），曾鑄得壹元寶，一抵開元錢百枚。未久，人有說：得壹非長祚之兆，他乃下令停鑄得壹錢，改鑄順天元寶。故得壹錢行使不久，傳世不多。故後世諺云：順天易得，得壹難求。這兩種錢范式完全一樣，文隸（八分）書，旋讀，背有月文。順天錢因流通較久，且有減重現象，所以版式頗多。有月文，月星及月孕星等。

本書收錄了古泉雅集的成員，所收集到一百零五枚得壹和順天元寶。因編輯倉促，故疏漏之處難免，尚請讀者指正。

賴立川

等級分類及價格表：

等級	價格
珍	6000以上
稀	4000~6000
少	3000~4000
一	1500~3000
二	1000~1500
三	800~1000
四	600~800
五	450~600
六	300~450
七	150~300
八	100~150
九	50~100
十	50以下

※右表所列價格為新台幣。

※目前匯率：人民幣一元　兌換　新台幣四．二元。（參考）

得壹元寶錢譜・空背類

一	二	三
稀	稀	稀
空背	空背 闊緣	空背 闊緣

直徑: 36.4mm 重量: 11.3g	直徑:36.1mm 重量:17.4g	直徑:35.7mm 重量:17.0g
開足元	得小字	

得壹元寶泉譜・上月類

四	五	六
少	少	少
上月	上月 大樣 闊緣	上月 淺背

直徑:36.0mm 重量:10.9g	直徑:36.6mm 重量:20.9g	直徑:35.6mm 重量:19.2g
短足寶		退得。 短足寶。

得壹元寶錢譜・上月類

七	八	九
少	少	少
上月 背移笵	上月	上月

直徑:35.4mm 重量:18.0g	直徑:36.4mm 重量:19.0g	直徑:36.0mm 重量:21.3g
向上移笵。	向左移笵。	

三

得壹元寶泉譜・上月類

編號	十	十一	十二
名稱	上月 細月	上月 肥月 淺背	上月 肥月
稀有度	少	少	少
拓圖			
尺寸	直徑:35.8mm 重量:16.5g	直徑:35.2mm 重量:20.2g	直徑:34.9mm 重量:19.7g

得壹元寶錢譜・下月・右月類

十三 稀

下月
大樣
闊緣

直徑:36.7mm
重量:20.5g

巨足寶

十四 稀

右月

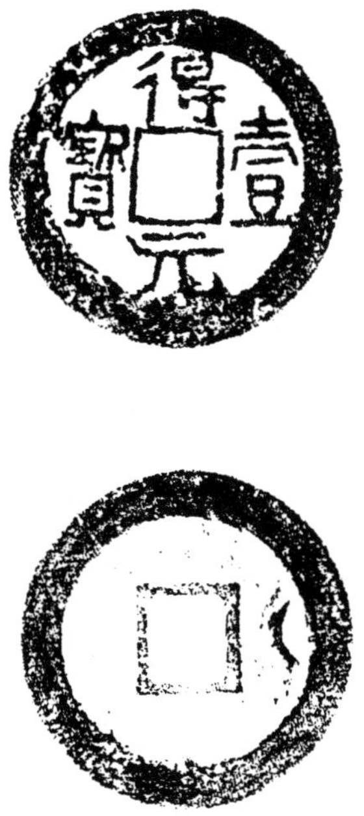

直徑:34.9mm
重量:14.0g

十五 稀

右月
薄肉

直徑:34.2mm
重量:10.1g

得壹元寶泉譜・四月類

十六

珍

四月
仰寶

直徑:34.4mm
重量:13.5g

十七

珍

四月
仰寶

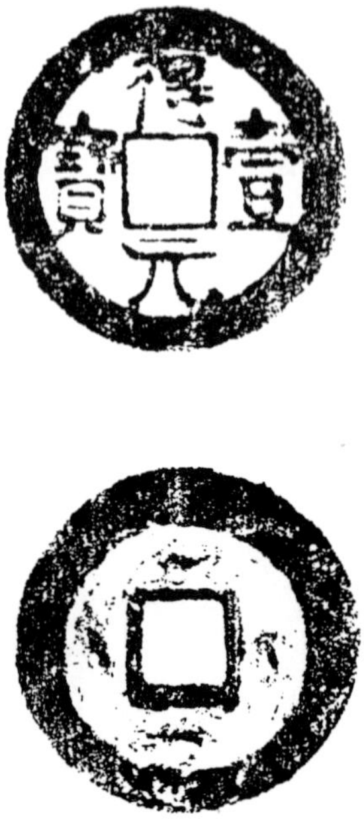

直徑:35.3mm
重量:11.8g

一

稀

空背

直徑:36.3mm

重量:22.3g

順天空背者少。

順天元寶泉譜・上月類

編號	品名	等級	拓圖	直徑	重量	說明
二	上月 肥月	三		36.4mm	20.7g	順天上月爲普品。
三	上月 小順	三		36.4mm	22.5g	順字比一般矮小。
四	上月 俯順 細字	三		36.7mm	20.3g	背向右移笵。

順天元寶錢譜・上月類

五	六	七
三	三	三
上月	上月 大樣	上月
	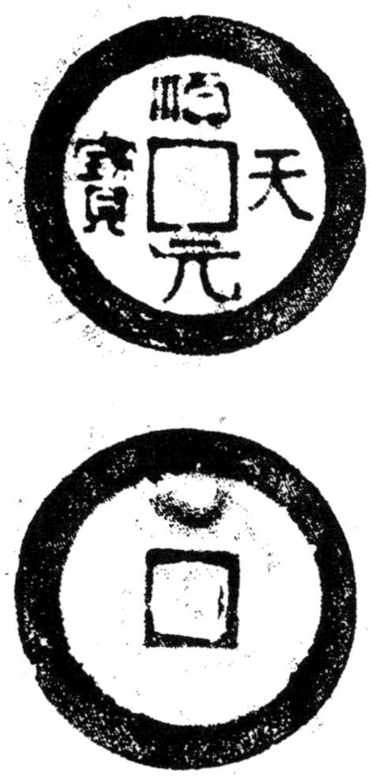	
直徑:37.0mm 重量:20.9 g	直徑:37.6mm 重量: 23.9g	直徑:36.8mm 重量: 20.6g
	月記較淺。	短月。

順天元寶泉譜・上月類

八 一	九 三	十 三
上月 大樣 闊緣 厚肉	上月	上月 小樣 背移范

直徑:38.2mm 重量:24.4g	直徑:36.0mm 重量:16.0	直徑:35.6mm 重量:19.5g
細月	細月	背向下移范

順天元寶錢譜・上月類

十一

三

上月

直徑:37.0mm
重量:19.5g

十二

三

上月

直徑:37.0mm
重量:21.4g

十三

三

上月

直徑:37.1mm
重量:22.2g

天字較小。

順天元寶泉譜・上月類

十四	十五	十六
三	二	二
上月	上月 大樣 闊緣	上月 仰寶 背移范

直徑:36.9mm 重量:22.0g	直徑:38.2mm 重量:20.7g	直徑:36.8mm 重量:19.2g
肥月。	月紋細長。	細字。面郭無下邊。

十二

順天元寶錢譜・上月類

十七　三　上月

直徑:36.5mm
重量:20.0g

天字接輪。

十八　三　上月

直徑:36.9mm
重量:19.5g

天字接郭。

十九　三　上月

直徑:36.8mm
重量:20.2g

順天元寶泉譜・上月類

二十

二

上月
仰寶

直徑:36.3mm
重量:20.0g

月紋特長。

二十一

三

上月

直徑:36.8mm
重量:19.9g

二十二

三

上月
仰寶

直徑:36.5mm
重量:19.5g

順天元寶錢譜・上月類

編號	二十三	二十四	二十五
	二	三	二
	上月 大様 闊緣	上月	上月 大様 闊緣

	直徑:37.4mm 重量:20.5g	直徑:36.8mm 重量:20.4g	直徑:38.7mm 重量:24.8g
	元字較寬。		背細郭。

順天元寶泉譜・上月類

編號	品級	說明	拓圖	尺寸	備註
二十六	二	上月 順上星 仰寶 薄肉		直徑:34.8mm 重量:16.9g	正、背面移范。
二十七	二	上月 薄肉		直徑:36.0mm 重量:16.2g	
二十八	二	上月	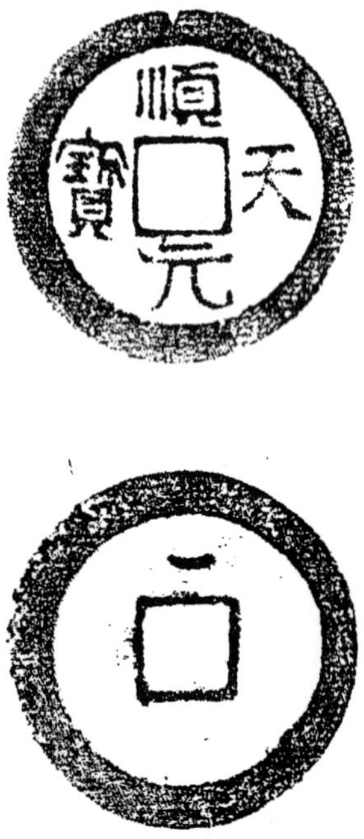	直徑:37.2mm 重量:19.1g	背郭左側無。

順天元寶錢譜·上月類

二十九　稀

上月
大順

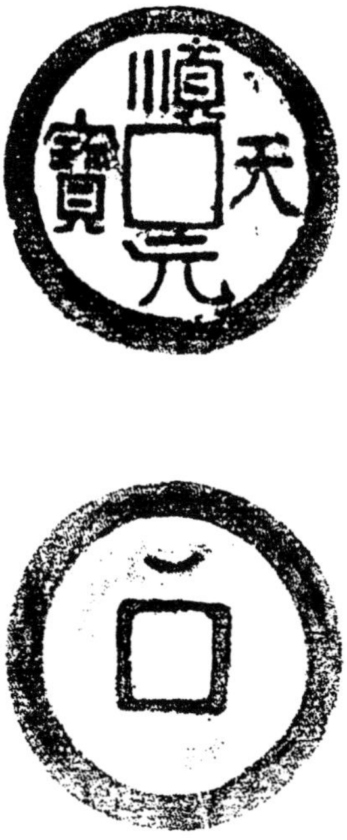

直徑:35.6mm
重量:18.9g

順字比一般大。
開足元。

三十　稀

上月
大順

直徑:36.2mm
重量:17.7g

順字比一般大。
開足元。

三十一　少

上月
雙挑元

直徑:37.3mm
重量:20.9g

順天元寶泉譜・上月類

三十二 一

上月 大樣 闊緣 直月

直徑:39.4mm
重量:19.4g

三十三 一

上月 大樣 闊緣

直徑:37.5mm
重量:19.7g

三十四 一

上月 大樣 仰寶

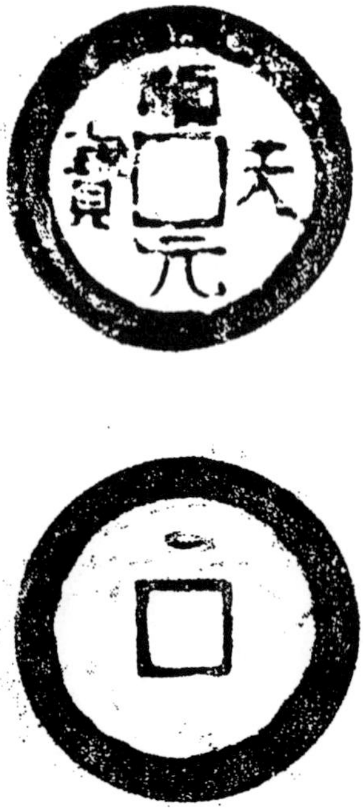

直徑:37.3mm
重量:20.7g

生坑品。細月紋。

順天元寶錢譜・上月類

三十五

一

上月 大樣 闊緣

直徑:39.4mm

重量:23.1g

三十六

三

上月

直徑:36.6mm

重量:21.8g

背稍向下移范。

三十七

三

上月

直徑:36.1mm

重量:17.3g

順天元寶泉譜·上月類

三十八

三

上月

直徑:36.5mm
重量:22.8g

三十九

三

上月
仰寶

直徑:36.4mm
重量:21.4g

背移范。

四十

三

上月

直徑:36.0mm
重量:19.5g

小貝寶。

順天元寶錢譜·上月類

四十一	四十二	四十三
三	三	一
上月 小樣	上月 移范	上月 花穿 厚肉

直徑:35.5mm 重量:19.3g	直徑:36.0mm 重量:19.4g	直徑:37.4mm 重量:23.5g
短肥月。	面，背皆有移范。元、天二字接輪。	中央穿孔旋轉了四十五度。

順天元寶泉譜・上月類

二十二

四十四

二

上月
花穿

直徑:37.0mm
重量:21.0g

此頁的花穿三品，皆有移笵的現象。

四十五

二

上月
花穿
小樣
背肥郭

直徑:35.7mm
重量:16.3g

短足寶。

四十六

二

上月
花穿
肥月

直徑:36.9mm
重量:21.2g

順天元寶錢譜・上月類

四十七 二

上月

直徑:37.2mm

重量:20.4g

背向右上方移笵。

四十八 一

上月 未剪邊

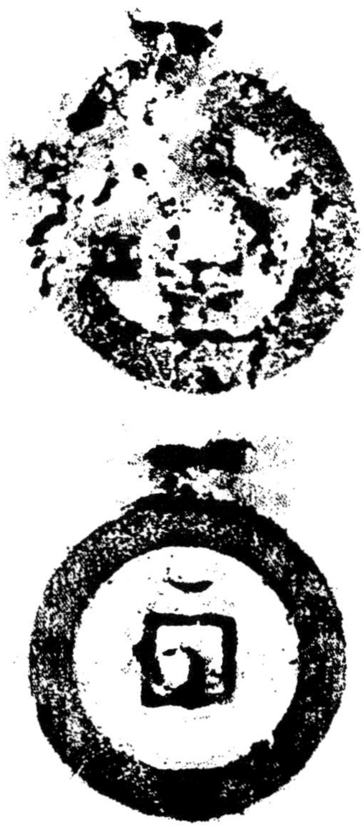

直徑:40.5mm

重量:25.9g

此錢上方仍留有未剪斷的鑄口，錢正面佈滿流銅。推測為澆鑄銅汁時，正面泥笵破裂，所鑄造出來的不良品。

四十九 珍

上月 大樣 鎏金

直徑:38.8mm

重量:22.3g

此錢鑄造精細，大樣，又有鎏金。應為宮廷賞賜品。

順天元寶泉譜・雙月類

五十　稀

雙月
背闊緣

直徑:36.6mm
重量:23.6g

上仰月及右向立月，雙月。

五十一　一

雙月
背肥郭

直徑:35.9mm
重量:22.3g

上肥仰月及左上月。

五十二　一

雙月
薄肉

直徑:36.3mm
重量:14.3g

穿上有仰月及左上立月。
天字接郭。

順天元寶錢譜・雙月類

編號	五十三	五十四	五十五
	一	一	一
版別	雙月	雙月 仰寶	雙月

直徑	直徑:36.9mm	直徑:37.1mm	直徑:36.9mm
重量	重量:18.2g	重量:22.5g	重量:19.7g
說明	二個上仰月相疊。背重郭。此錢應是背移范。	二個上仰月相疊。	二個上仰月相疊。

二十五

順天元寶泉譜・雙月類

五十六 一

雙月
仰寶

直徑:36.3mm
重量:19.1g

上仰月與立月相交成十字形。

五十七 一

雙月
薄肉

直徑:36.6mm
重量:15.7g

上仰月與左向立月相連。

五十八 一

雙月
面右下星
薄肉

直徑:35.3mm
重量:12.1g

上仰月與左向立月相連。

順天元寶錢譜・雙月類

五十九 一

雙月

直徑:37.0mm
重量:20.7g

上直月與左上直月。

六十 一

雙月 大樣

直徑:37.4mm
重量:21.2g

上仰月與左下直月。

六十一 二

雙月

直徑:36.9mm
重量:20.7g

上仰月與左下直月。背郭左邊與下方無。

順天元寶泉譜・雙月類

六十二 二

雙月

直徑:36.5mm
重量:19.0g

上仰月與穿下直月。

六十三 二

雙月

直徑:36.2mm
重量:18.8g

上仰月與穿下直月。

六十四 二

雙月

直徑:36.7mm
重量:20.2g

上仰月與右直月。

順天元寶錢譜·雙月類

六十五 一 雙月

直徑:36.7mm
重量:21.6g

上仰月與左上直月。

六十六 二 雙月

直徑:35.8mm
重量:20.4g

上仰月與下直月。

順天元寶泉譜・月星類

三十

六十七 稀

孕星

直徑:36.4mm
重量:19.1g

六十八 稀

孕星
闊緣

直徑:37.6mm
重量:23.0g

六十九 稀

孕星

直徑:37.3mm
重量:20.7g

面移范。
面郭歪斜。

七十

稀

月星 大樣 闊緣

直徑:40.6mm

重量:22.7g

面、背有移笵。上仰月的右下方有星記。

七十一

稀

月星 小樣 仰寶

直徑:35.9mm

重量:17.4g

上仰月及左上星。

七十二

稀

月星 小樣

直徑:34.0mm

重量:13.0g

上仰月及下星。

順天元寶泉譜・月星類

編號	七十三	七十四	七十五
稀度	稀	一	一
品名	月星 小樣	月星 大樣	月星 仰寶
拓圖			
直徑	直徑:34.9mm	直徑:37.4mm	直徑:37.1mm
重量	重量:14.3g	重量:20.3g	重量:19.1g
說明	上仰月及下小星。短足寶。	上仰月及穿右星。	上仰月及右小星。

順天元寶錢譜・月星類

七十六

二

月星
雙挑元

直徑:36.9mm
重量:18.7g

上仰月及右上星。

七十七

二

月星
仰寶
背缺郭

直徑:36.4mm
重量:19.1g

上仰月及左下星。

順天元寶泉譜・下月類

七十八 一

下月 闊緣

直徑:37.5mm
重量:18.8g

七十九 一

下月

直徑:36.8mm
重量:21.0g

八十 一

下月 肥天 仰寶

直徑:36.6mm
重量:19.2g

順天元寶錢譜·下月類

八十一 一	八十二 一	八十三 一
下月 細月	下月 闊緣	下月
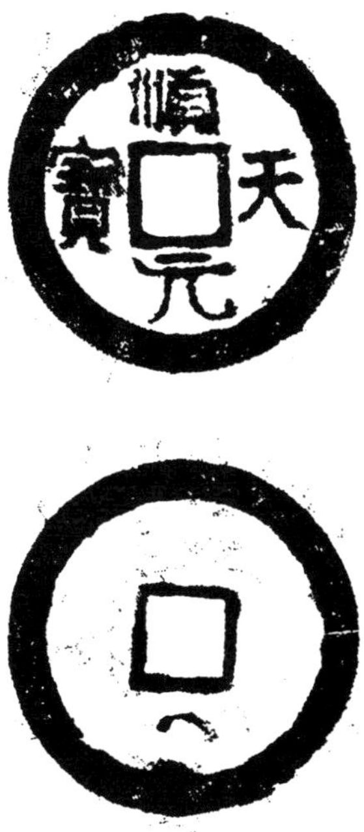		
直徑:36.6mm 重量:19.0g	直徑:36.1mm 重量:20.2g	直徑:36.4mm 重量:18.5g

順天元寶泉譜・下月類

八十四

珍

下仰月

直徑:36.8mm
重量:19.7g

面、背移范。

順天元寶錢譜・合背類

八十五 珍

合背

直徑:36.7mm

重量:62.3g

此錢一邊厚，一邊薄。

左側最厚處爲9.3mm。

右側最薄處爲7.9mm。

八十六 珍

合背

直徑:34.0mm

重量:36.4g

與乹元重寶之合背

厚度5.1mm。

順天元寶泉譜・其它類

八十七	八十八	
珍	八	
面四星開爐錢	安南錢小平	

直徑:35.0mm 重量:23.0g	直徑:24.5mm 重量:3.5g	
面、背輪有雲紋。背為一株花。	對讀。順的川字，中間一豎較短。元字長足。	

順天元寶錢譜・增錄

八十九

空背 大樣 闊緣（參考品）

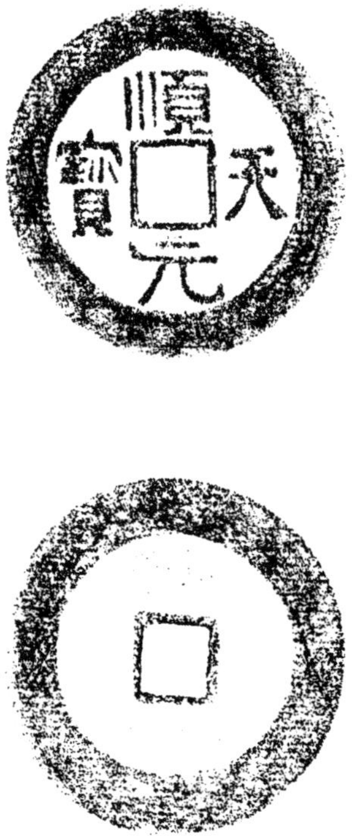

直徑:40.2mm
重量:19.4g

九十 二

上月 大樣 闊緣

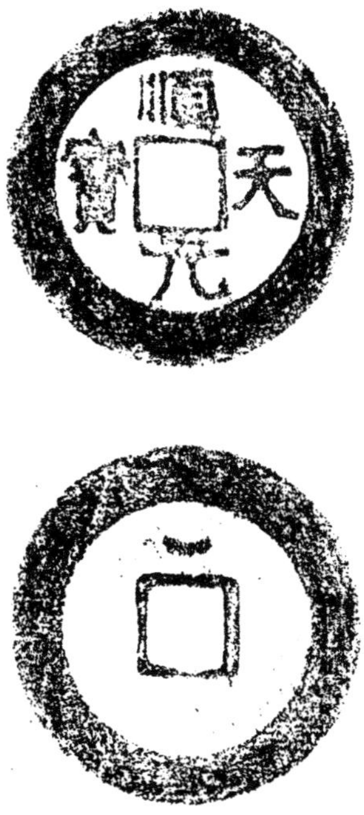

直徑:39.0mm
重量:26.0g

九十一 珍

上右雙月

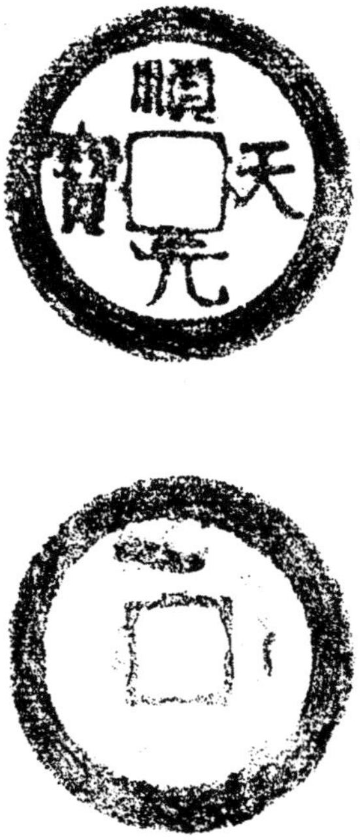

直徑:36.9mm
重量:19.2g

國家圖書館出版品預行編目

開元星月集 / 賴立川主編. -- 一版. -- 臺北
市：秀威資訊科技, 2005[民 94]
面； 公分. -- (美學藝術類 ; PH003)(
古泉雅集叢書)

ISBN 978-986-7080-02-8(平裝)

1. 貨幣 - 中國 - 唐(618-907)

561.392 94025774

BOD Books on Demand 美學藝術類 PH0003

開元星月集

作　　者 / 賴立川
發 行 人 / 宋政坤
執行編輯 / 李坤城
圖文排版 / 羅季芬
封面設計 / 羅季芬
數位轉譯 / 徐真玉　沈裕閔
圖書銷售 / 林怡君
網路服務 / 徐國晉
出版印製 / 秀威資訊科技股份有限公司
台北市內湖區瑞光路 583 巷 25 號 1 樓
電話：02-2657-9211　傳真：02-2657-9106
E-mail：service@showwe.com.tw
經 銷 商 / 紅螞蟻圖書有限公司
台北市內湖區舊宗路二段 121 巷 28、32 號 4 樓
電話：02-2795-3656　傳真：02-2795-4100
http://www.e-redant.com

2006 年 7 月 BOD 再刷
定價：350 元

讀者回函卡

感謝您購買本書，為提升服務品質，請填妥以下資料，將讀者回函卡直接寄回或傳真本公司，收到您的寶貴意見後，我們會收藏記錄及檢討，謝謝！如您需要了解本公司最新出版書目、購書優惠或企劃活動，歡迎您上網查詢或下載相關資料：http:// www.showwe.com.tw

您購買的書名：________________________

出生日期：________年________月________日

學歷：□高中（含）以下　□大專　□研究所（含）以上

職業：□製造業　□金融業　□資訊業　□軍警　□傳播業　□自由業

　　　□服務業　□公務員　□教職　□學生　□家管　□其它_____

購書地點：□網路書店　□實體書店　□書展　□郵購　□贈閱　□其他

您從何得知本書的消息？

□網路書店　□實體書店　□網路搜尋　□電子報　□書訊　□雜誌

□傳播媒體　□親友推薦　□網站推薦　□部落格　□其他__________

您對本書的評價：（請填代號　1.非常滿意　2.滿意　3.尚可　4.再改進）

封面設計____　版面編排____　內容____　文／譯筆____　價格____

讀完書後您覺得：

□很有收穫　□有收穫　□收穫不多　□沒收穫

對我們的建議：________________________

____

____

____

請貼
郵票

11466
台北市內湖區瑞光路 76 巷 65 號 1 樓
秀威資訊科技股份有限公司 收
BOD 數位出版事業部

(請沿線對折寄回，謝謝！)

姓　　名：__________　　年齡：______　　性別：□女　□男

郵遞區號：□□□□□

地　　址：______________________________

聯絡電話：(日)______________　(夜)______________

E-mail：______________________________